Danilo Sidari

Andragathos

romanzo

A Pasquale Sidari

A Nicola Gratteri

Macrobius ponit septem partes fortitudinis, scilicet magnanimitatem, fiduciam, securitatem, magnificentiam, constantiam, tolerantiam, firmitatem. Andronicus etiam point septem virtutes annexas fortitudini quae sunt eupsychia, lema, magnanimitas, virilitas, perseverantia, magnificentia, andragathia. Ergo videtur quod insufficienter Tullius partes fortitudinis enumeravat.

Summa Theologiae
Secundae Partis, Volumen Quartum, Articulo I, Quaestio CXXVIII
S. Thomae Aquinatis (1225 - 1274)

Il primo passo è la consacrazione del locale ove avverrà il rito e la "formazione della società". Il capo-società è colui che presiede il rito. Questa è la formula della consacrazione:

Capo-Società: Buon vespero. Saggi compagni
Gli altri: Buon vespero
Capo-Società: State accomodi per battezzare questo locale?
Gli altri: Stiamo accomodi
Capo-Società: Io battezzo questo locale sacro santo e inviolabile come l›hanno battezzato i tre vecchi cavalieri spagnoli Osso, Mastrosso e Carcagnosso, se prima lo conoscevo come un locale di transito e passaggio da ora in poi lo riconosco per un locale battesimale dove si battezzano picciotti, giovani d›onore e camorristi.

Questa è la formula di formazione della società:

Capo-Società: Buon vespero
Gli altri: Buon vespero
Capo-Società: Siete conformi?
Gli altri: Siamo conformi.
Capo-Società: Calice d'argento, ostia consacrata, parole d'omertà è formata società

Dopodiché i presenti si baciano la mano e si siedono a braccia conserte. Rimarranno così per tutta la durata della riunione, ad eccezione del capo-società. Allora inizia il vero e proprio battesimo del contrasto onorato, al termine del quale verrà chiamato Picciotto d'onore.

Il Capo-società comincia con:

Prima della famiglia, dei genitori, dei fratelli, delle sorelle viene l'interesse e l'onore della società, essa da questo momento è la vostra famiglia e se commetterete infamità, sarete punito con la morte. Come voi sarete fedele alla società, così la società sarà fedele con voi e vi assisterà nel bisogno, questo giuramento può essere infranto solo con la morte. Il contrasto onorato, allora, mostra la mano sinistra. Con un coltello, gli viene punto il dito indice e il suo sangue cade su un santino di San Michele Arcangelo, che poi viene fatto bruciare (in carcere, invece, è permesso non incendiare il santino).

La formula del giuramento che il contrasto onorato deve recitare è, più o meno, questa:

Io giuro dinanzi a questa società di essere fedele con i miei compagni e di rinnegare padre, madre, sorelle e fratelli e se necessario, anche il mio stesso sangue.

Infine, il rituale si conclude con lo scioglimento della Società, che avviene con la seguente formula:

Capo-società: Da questo momento abbiamo un nuovo uomo d'onore, Società ha formato, il circolo è sciolto. Buon vespero. Gli altri: Buon vespero.

Da questo momento, il contrasto onorato diviene Picciotto d'onore, quindi membro della Società Minore della 'Ndrangheta.

Codicicriminali.blogspot.com

Sommario

Capitolo 1

4 aprile 2015

Alla vigilia di quella Pasqua di Resurrezione 2015, in giardino, nel silenzio del primo mattino interrotto solo dallo sporadico gracchiare di qualche pappagallo, Carmine Turano sorseggiava con gusto il primo caffè della giornata. Quel luogo così familiare, quel momento di intimità, lo stato d'animo che sentiva crescere in sé considerando le sofferenze del Cristo, lo spingevano a ripercorrere mentalmente quella che era la sua attuale condizione.

Le campane della vicina chiesetta intitolata a St. Thomas Aquinas avevano appena battuto le sette quando Carmine, che aveva poco prima passato al setaccio la sua vita privata, andava concludendo l'analisi di quella professionale con un resoconto tutto sommato positivo.

In mattinata, sul tardi, arrivava nel suo ufficio al secondo piano del club che dirigeva. Questo perché quasi quotidianamente, prima di poter poggiare le natiche sulla comoda poltrona in pelle, doveva sbrigare alcune incombenze legate alla sua professione di amministratore delegato.

Un paio di volte alla settimana, in media, doveva recarsi nel centro affari della City dal commercialista, Anthony Bonera, figlio di emigrati piemontesi, per sbrigare certe pratiche.

Ma Turano, già sempliciotto di suo e in possesso di un'istruzione insufficiente a valutarle, pur rendendosi vagamente conto di quelle inconsuete procedure, non aveva le palle per contestarle e si faceva quindi bastare le rassicurazioni del suo datore di lavoro e di Bonera sulla loro legittimità.

Per il suo aspetto fisico e per i suoi modi di fare Bonera dava l'idea del rapace in procinto di scendere in picchiata sulla preda e amava intrattenersi con lui a proposito di codicilli che, affermava, avrebbero fatto calare di qualche punto percentuale l'aliquota imponibile.

Si trattava, beninteso, di pratiche legali - Bonera non transigeva su questo - sebbene esse, se osservate da occhi dinteressati, non fossero altro che una serie di sotterfugi amministrativi messi in atto per abbattere il contributo fiscale delle classi più abbienti.

Sovente Turano si attardava in banca dove s'intratteneva con il direttore oppure, ad appena un paio di isolati di distanza, con il consulente finanziario.

Con il primo, tale Fitzpatrick, dopo l'immancabile dissertazione su meteo, sport e belle donne, finiva immancabilmente, come da istruzioni ricevute, per lamentarsi per il ritardo con cui la banca concedeva le aperture di credito mensili richieste dall'azienda che amministrava: decine di migliaia di dollari.

Si trattava di schermaglie dialettiche che facevano parte dei compiti per cui Turano era retribuito e che in prima battuta vedevano sempre Fitzpatrick opporsi categoricamente. Il direttore però sapeva bene quanto il concedere quei prestiti gli avrebbe fruttato sottobanco e di conseguenza, dopo aver nicchiato e tergiversato il giusto, tanto per salvare la faccia, finiva per apporre la sua firma sui documenti necessari.

Il consulente finanziario poi, Lou Belmont, appena lo vedeva assumeva l'espressione e la postura corporea del buon samaritano. Una posa che neanche a un tipo come Turano, superficiale di suo, risultava credibile e che egli in cuor suo biasimava. Perché intuiva che pur potendo contare su una facciata di legalità, Lou era una persona che non si sarebbe fatto scrupoli se si fosse trattato di incamerare grosse somme di denaro, anche se questo avesse provocato la rovina di migliaia di piccoli risparmiatori come lui. Niente che potesse anche lontanamente essere paragonato a chi dà una mano al prossimo senza aspettarsi un tornaconto.

Turano, che dalla sua poteva vantare il suo metro e ottantacinque per novanta chili, aveva comunque sempre l'impressione che gli abiti eleganti e attillati che Lou immancabilmente indossava dovessero da un momento all'altro esplodere, incapaci di contenerne il fisico palestrato.

Appena la segretaria accompagnava Carmine nell'ufficio dell'esperto in latrocini, situato in uno degli edifici più prestigiosi della città, questi lo faceva accomodare sul confortevole divano riservato agli ospiti e per dare all'incontro un'atmosfera più confidenziale gli si sedeva a fianco. Intanto la signorina, che a uno sguardo d'intesa del suo capufficio si era allontanata, rientrava nell'ufficio portando un vassoio con due tazzine di caffè, rigorosamente ristretto all'italiana, e qualche dolcetto.

Belmont a questo punto la liquidava con uno sguardo che la diceva lunga sulla sua concezione dell'universo femminile e passava a discettare sulla passione che condivideva con Turano: i cavalli da corsa.

La manfrina andava avanti per una decina di minuti prima che Belmont, con una delle sue celeberrime architetture orali, pian piano passasse al vero argomento dell'incontro: discutere della maniera più proficua di investire i non trascurabili utili che un'azienda produceva.

Lou era un logorroico compulsivo: parlava, parlava, parlava convinto com'era che più avesse dato sfoggio alla sua preparazione professionale e più sarebbe risultato convincente con il suo cliente.

Turano dal canto suo badava al sodo: aveva capito fin dall'inizio che maggiore era il rischio che l'investimento prospettava e maggiore era la resa e con questo basilare principio in testa investiva quello che, dopo aver provveduto alla famiglia, rimaneva del suo stipendio di manager del club.

Per il resto, per l'impiego degli introiti del club stesso, qualcun altro avrebbe preso le decisioni in merito.

Così Carmine lasciava sfogare il consulente per un tempo sufficiente a giustificare la sua parcella ma poi, non appena questi per un qualunque motivo si concedeva una pausa, entrava a gamba tesa:

- Vabbé Lou, ho capito. Facciamo così: fammi una stampata dei prodotti che consigli questa settimana. Ne parlo col capo e ti faccio sapere cosa ha deciso.

L'altro assumeva un'espressione contrita, quasi di sgomento, per essere stato interrotto nell'esporre le proprie teorie, ma pur ingoiando amaro - si trattava di un cliente dopotutto, ignorante ma pur sempre un cliente e il cliente, ça va sans dire, ha sempre ragione - si atteneva alla richiesta di Carmine.

Dopo avergli passato una manciata di fogli A4 con l'elenco dei prodotti finanziari e i grafici di resa a breve, media e lunga scadenza ad essi riferiti, lo congedava in modo cordiale.

Già in ascensore Turano sospirava di sollievo per essersi sottratto a quell'uragano verbale e iniziava a pregustare l'intimità del suo ufficio.

In auto, una berlina giapponese di lusso, guidando in direzione ovest, verso i quartieri semi periferici della città dov'era situato il club, si compiaceva per come fosse riuscito ad adattarsi a fare un lavoro di concetto, visti i suoi umili precedenti professionali.

Con un ghigno sul viso che esprimeva la sua intima soddisfazione, Turano si compiaceva del suo accresciuto autocontrollo grazie al quale era riuscito a non rimandare con male parole ai vari mittenti - e pensava a personaggi del tipo di quel Belmont - la loro malcelata presunzione.

Del resto, e lo sapeva bene, in quella ditta i cosiddetti colpi di testa non erano ammessi: l'autorevolezza del suo datore di lavoro li escludeva. E

poi, in definitiva, la sua autostima era gratificata dal suo ruolo nell'a-
zienda e dalla munifica remunerazione che percepiva.

La consapevolezza di essere niente altro che un semplice passacarte, un
anonimo prestanome, colui cioè che nella parlata locale veniva definito
un dummie, un manichino, lo lasciava quasi del tutto indifferente.

Capitolo 2

10 marzo 2011

Tutte le mattine la stessa storia: il camion è vecchio e ce n'è sempre una. O sono gli iniettori o la batteria o i filtri oppure l'impianto idraulico e insomma ogni giorno sono cristi e madonne per metterlo in moto. E non è che quelli di Mahmoud, di Jack o di Costa, i miei colleghi autisti, siano in migliori condizioni.

Sì ma pomeriggio quando torno in deposito glielo dico a Shaun, così non si può andare avanti. È inutile che poi esce tutto fico dall'ufficio, l'incarnazione dell'imprenditore di successo che s'è fatto da sé, a triturarci le palle con le sue teorie sull'efficienza, la produttività, la specializzazione e via discorrendo. Cominciasse con il darci dei mezzi di trasporto funzionanti.

Come se già non fosse un lavoro pesante il nostro: ore e ore guidando nel traffico di Sydney e quando ti fermi dai clienti, le macellerie, i ristoranti, i club e via discorrendo, ti metti in spalla quarti di bue, mezze carcasse di maiale e di agnellone e poi sudato o infreddolito, fai dentro e fuori dalle celle frigorifere e ti spezzi la schiena per appenderli ai ganci. Senza contare, poi, casse e casse di pollame e carni varie.

A metà del giro ti fermi mezz'oretta per mangiarti un panino che ti porti da casa e berti una bibita e poi riprendi fino all'ultimo cliente. In genere sono sei o sette ore al giorno, ma sotto le feste anche dieci. Quando poi si finisce il giro si torna in deposito dove i macellai hanno fatto a pezzi le bestie e si carica per le consegne del giorno dopo. Prima di andarsene attacchiamo il frigo del camion e ci facciamo una doccia perché a quel punto siamo conciati da fare schifo.

Lavoro per Shaun O'Connolly da più di vent'anni: certo, non è il massimo fare questa vita, ma si sa com'è, quando hai due figli che fanno l'università, non è che puoi andare troppo per il sottile. Rebecca va per i ventiquattro e fa il master di Finance Marketing e quello scavezzacollo di Tommaso ne ha appena fatti ventuno e anche lui ha deciso di studiare Economia.

Che poi a parte i figli anche noi, intendo io e Jennifer, mia moglie, dico un cinema, una cenetta al club ogni tanto, qualche fine settimana fuori, al mare o in montagna, non è che si vive solo per lavorare. O sbaglio?

La ditta dove lavoro si chiama True Blue Meats e serviamo la zona ovest della città.

Il deposito è a Auburn e da lì, in quattro, facciamo consegne da Campbelltown fino a Blacktown a ovest e Pennant Hill verso nord. Dunque sui camion siamo noi quattro. In deposito ci sono cinque macellai: Mario, uno di Cuneo, Jussuf e Steve alle bestie grosse e poi Tina e Vanessa al pollame. In ufficio c'è Shaun appunto, con sua moglie Madeleine, che vuole che la chiamiamo Maddie e poi Gabrielle, una bella mulatta sulla trentina, che viaggia in continuazione tra l'ufficio e il magazzino per coordinare il lavoro.

Anche Maddie è una bella donna. Ma Cristo, sembra che venga da un altro pianeta. Quanto se la tira. Invece Tina e Vanessa sarebbero carine, sono alla buona e stanno allo scherzo ma poverine, quando le guardi con quelle cuffiette ridicole e quei grembiuli bianchi di gomma tutti sporchi di sangue e merda, ti passa tutta la fantasia.

Va be', fammi guardare la lista di consegne. Il primo è O'Brien, l'irlandese che ha la macelleria a Granville: due quarti di bue, mezzo maiale e quattro cassette di polli. Poi l'R.S.L. sempre a Granville, il solito; Woolworth allo shopping centre di Ermington, il solito; Meat Lovers a Carlingford... cosa? Tre cosciotti d'agnello oltre al solito? Dev'essere impazzito! E poi eccolo qua, il mio favorito: Augusto Molinari, anni settantasette, da Formigine vicino Modena, ristorante La Casaccia a Parramatta, cucina povera, frattaglie, si fa per dire, fegato, lui lo cucina con le cipolle alla veneziana, lingua per il bollito e poi i conigli, i polli, le fettine di vitello e le cotolette d'agnello. Poi c'è Capece, il napoletano che ha la macelleria nello shopping centre di Winston Hills; il Pink Lady Club, che mi sa che di notte è un mezzo bordello, a Pennant Hills e finisco a Blacktown dal cinese, coso lì, Wen, infatti guarda qua, mezzo bue, le costine di maiale e tre cassette di oche.

Non c'è male: se non c'è troppo traffico per le due e mezza, tre al massimo sono in deposito. Carico e per le cinque sono a casa.

O'Brien mi accoglie dandomi del mafioso, che son cose che fanno piacere di mattina alle otto e mezza. Lui scherza, lo so, ma cazzo io mi rompo la schiena tutto il giorno e quando penso a chi invece s'arricchisce con i soldi della droga e che lo paragonano a me, mi sento una cosa che parte dallo stomaco e sale, sale su fino al cervello e vorrebbe esplodere...

Ma sto allo scherzo, ci mancherebbe, non è cattivo e poi è un buon cliente, a Natale molla sempre il centone di mancia, a Pasqua la cassetta di birra, insomma si fa benvolere. Ma gliele canto anch'io però, cazzo d'irlandesi sono come noi wogs, anche peggio.

Guarda in America, per dire, i Kennedy: lo sanno anche le pietre che erano mischiati con i siciliani. L'ho letto nella biografia di Sam Giancana. In un libro, sì, ogni tanto anch'io leggo un libro: non molti, non ho molta testa di leggere e poi alla sera sono stanco, ho voglia di rilassarmi, mi guardo qualche stronzata alla televisione. Insomma lì, Giancana, lo dice chiaro e tondo che i Kennedy li hanno sparati perché quando sono andati alla Casa Bianca non hanno rispettato l'accordo di favorire Cosa Nostra che suo padre aveva fatto sottobanco, si capisce, con i mammasantissima.

Mi bevo il caffè solubile che mi ha fatto la moglie di O'Brien nel retrobottega: me lo porge strusciandosi e poi quando le palpo il culo scappa via tutta moine, fa la scandalizzata, ma per finta si capisce, ché noi italiani, dice lei, siamo tutti stallions come Rocky Balboa. Sì vai, corri corri che qualche giorno che ti trovo da sola in negozio te lo do io Rocky Balboa...

Oggi si viaggia bene, non c'è casino. Sydney è ogni giorno sempre peggio, il traffico intendo. E per forza! Due milioni e mezzo di veicoli immatricolati, va be' non gireranno tutti allo stesso tempo ma santa Madonna almeno un milione di macchine, di camion, di autobus, di furgoni al giorno ci saranno sulle strade no? E continuano a costruire tangenziali, gallerie, autostrade, allacci e santi e madonne. Dico io con tutti i soldi di tasse che ci prendono e non sarebbe meglio aumentare i treni e gli autobus e metterli a prezzi bassi e a giro continuo per levare gente dalla strada?

Invece i treni sono vecchi e sempre pieni come scatole di sardine; gli autobus sono pochi rispetto al necessario e sono sempre in ritardo per via che vengono imbottigliati nel traffico e le macchine sono sempre di più e beato chi vende benzina e gasolio.

Cosa vuoi farci? È il giro così, entri nell'ingranaggio e poi non ne esci più. Quando si ha la responsabilità di una famiglia c'è poco da fare lo schizzinoso e a voglia di rospi che ti devi ingoiare per tenere in piedi la baracca. Comunque anche Jennifer lavora da anni come cassiera al K-mart di Dulwich Hill e insomma tiriamo avanti dignitosamente. E poi, ringraziando Dio, la salute non manca, siamo uniti, ci vogliamo bene, siamo una famiglia normale, che fa una vita normale, come tante altre.

Capitolo 2

Capitolo 3

4 aprile 2015

Tutta lì, l'esistenza di Turano: una vita monotona, senza alti e bassi, scandita da avvenimenti di poca rilevanza, ma comunque degna di essere vissuta con al fianco una donna che gli voleva bene, due figli che adorava e con una situazione finanziaria che pur non permettendogli stravizi, garantiva a lui e ai suoi cari un vivere quieto, senza particolari stress né preoccupazioni.

Ma perché, a oltre cinquant'anni, un uomo tutt'altro che temerario decide di dare un calcio alla tranquillità per imbarcarsi in un'impresa del genere? Perché nel giro di qualche settimana uno scaricatore di carni macellate, un individuo in definitiva senza né arte né parte, si carica sulle spalle la responsabilità di dirigere un'azienda?

Carmine era nato nel millenovecentosessantadue in un paesino dell'entroterra di Bova, in provincia di Reggio Calabria.

Uno di quei posti dove il tanto decantato boom economico non era mai giunto. Le 'ndrine presenti sul territorio avevano messo le mani sul fiume di denaro proveniente dalla Cassa per il Mezzogiorno. Qualche soldo si era visto grazie alle rimesse degli emigrati nel nord Europa, negli Stati Uniti e in Australia.

Molte famiglie avevano abbandonato i vecchi casolari in pietra arroccati sulle colline affacciate sul Mar Jonio e con i soldi che arrivavano dall'estero, avevano costruito nuove abitazioni lungo la litoranea che correva parallela alla ferrovia, a due passi dalla spiaggia.

La stragrande maggioranza di esse era costituita da un perimetro di muri di mattoni non intonacati sovrastati da una soletta di cemento armato da cui orrendi spuntoni di tondino di ferro bucavano il cielo azzurro e la dicevano lunga sulla speranza di potere un giorno, a seguito di successive rimesse, costruire un ulteriore piano soprastante. Le case avevano tutte, al piano terra, un pollaio e un piccolo orto.

Rocco Turano, che sulle rimesse di parenti espatriati non poteva contare, capì che l'unica speranza per affrancarsi da quella miseria atavica era emigrare. Con la consulenza di un azzeccagarbugli di paese, pagata con tome di pecorino, uova fresche e pollame vivo, vennero sbrigate le formalità burocratiche. Dopo aver venduto tutto quello che poteva essere venduto e dopo un'odissea ferroviaria durata più di venti ore, da Reggio a Genova, in un gelido mattino di gennaio si imbarcarono sulla Neptunia del Lloyd Triestino. La traversata si svolse senza particolari patemi: tranne che per un paio di burrasche durate lo spazio di una nottata, il tempo era stato clemente. Felicemente stipati nella loro cabina di seconda classe, ai Turano non sembrava vero di poter vivere quella strana vacanza, attorniati da persone che come loro la vivevano con un misto di speranza e di trepidazione. A Rocco e Caterina però, non erano sfuggiti certi sbalzi d'umore quasi improvvisi, ingiustificati, si sarebbe detto. Uomini e donne che nel volgere di mezz'ora passavano dall'allegria di una festa allietata da organetto e tamburello, alla più cupa disperazione per quel viaggio di andata di di cui però non intravedevano il ritorno.

Ma i potenti motori della Neptunia, non erano soggetti a bruschi cambi di disposizione d'animo e la nave continuava a macinare miglia marine: nel febbraio del millenovecentosessantaquattro i Turano, dopo un mese di navigazione, sbarcarono in Australia.

Carmine, che data l'età lo sradicamento l'aveva vissuto solo di riflesso, era cresciuto sereno in seno a una famiglia sana, con i genitori che gli avevano inculcato i sani principi contadini di cui erano portatori, onestà e lavoro, e le sorelle che essendo più grandi di lui, lo avevano coccolato e viziato fino alla sua età adulta.

La famiglia era andata ad abitare in uno di quei sobborghi in cui la presenza di emigrati italiani era massiccia. Il ragazzo, grazie alla sua prestanza fisica e a un carattere estroverso, che gli venivano comodi a seconda che si trattasse di scaramucce tra giovanotti di diverse etnie oppure di corteggiare le giovani bellezze locali, era diventato grande ritagliandosi un ruolo ben definito, e senza dubbio di un certo prestigio, in un ambiente in cui si trovava perfettamente a suo agio.

Abile nello sport, il rugby in particolare, da adolescente sognava un futuro glorioso che potesse in qualche modo riscattare la sua scarsa propensione agli studi e le ramanzine di suo padre per i magri risultati accademici ottenuti.

Un giorno - pensava rivolgendosi silenziosamente al genitore - quando sarò un campione, non mi dirai più che senza istruzione non si va da nessuna parte. Ti rimangerai le tue parole e sarai fiero di tuo figlio.

Ma già i primi approcci amorosi lo avevano distolto parzialmente dagli agognati exploit sportivi. Con qualche affanno di troppo era riuscito a terminare la high school, ma il titolo di studio non era servito a procurargli un'occupazione stabile.

Il fatto è che Carmine, malgrado le occasionali collere paterne, sapeva di poter contare su una famiglia che in fondo non gli metteva particolare pressione. Voglia di studiare non ne aveva mai avuta molta e dopo l'ultimo anno di superiori, era svanita del tutto. D'altra parte, a questo punto della sua vita e data la situazione, continuava a rimandare il momento in cui avrebbe pianificato un qualunque futuro professionale.

Approfittando della sua esuberanza, che faceva di lui un leader riconosciuto fra le sue amicizie, e con una certa dose di lassismo e di faciloneria, il ragazzo continuava a rimandare di mese in mese, di anno in anno, il momento in cui avrebbe iniziato ad agire da adulto consapevole e responsabile.

Un tale andazzo però, non poteva durare in eterno: dopo alcuni anni passati a lavoricchiare quanto bastava a mettersi in tasca i soldi per il suo fabbisogno, immediato e prettamente personale, Carmine incappò in un incidente che diede una svolta alla sua esistenza.

A una festa in casa di comuni amici italiani, conobbe Jennifer Cantisano, anche lei figlia di emigrati calabresi, ma nata in Australia, e dopo qualche mese di frequentazioni clandestine la ragazza rimase incinta.

L'unica soluzione possibile all'imprevisto era il matrimonio e sebbene non completamente felici di prendere quella decisione un po' forzata, i due, rispettosi dei principi trasmessi loro dai genitori ed essendo comunque innamorati l'uno dell'altra, si sposarono qualche mese dopo e andarono a vivere in un appartamento non lontano dalle due famiglie di origine. Famiglie che non fecero mancare il loro sostegno e si prodigarono per aiutarli in tutti i modi possibili.

Grazie all'interessamento del padre, il novello sposo trovò ben presto lavoro presso una ditta di costruzioni edili e spinto dalla contingente necessità, seppe mantenere il posto. La coppia fu rallegrata dalla nascita di una bambina che chiamarono Rebecca.

Carmine aveva allora ventisei anni, Jennifer ventitre.

Dopo due anni nacque anche un maschietto, che chiamarono Tommaso. Fu proprio subito dopo essere diventato padre per la seconda volta che Carmine venne assunto come autista presso la ditta di distribuzione di carni macellate.

Capitolo 3

Capitolo 4

4 aprile 2015

Perché dunque Turano, pensando al suo lavoro, era giunto alla conclusione che ne aveva le palle piene di quella vita?

Perché aveva deciso che non voleva più fare quel lavoro sporco e pesante, è vero, ma sicuro e dignitoso?

Mi merito ben altro - pensava - che non caricarmi sulle spalle quarti di bue e portarli nelle celle frigorifere delle macellerie. Dove è andato a finire quel bel ragazzo dalla parlantina sciolta, un po' poco istruito è vero, ma diamine, nella vita mica si può avere tutto. Che poi insomma, nel mio piccolo, la high school l'ho finita, non è che coi libri sono proprio a digiuno completo. E poi anche per mia moglie, una donna onesta, leale e ancora desiderabile che è costretta a fare la cassiera al supermercato per aiutare a far quadrare i conti in casa. Così come Rebecca e Tommaso, che lavorano saltuariamente nelle caffetterie come camerieri per aiutare a pagarsi l'università.

Che cosa successe, dunque, di così determinante da stravolgere la pacifica e monotona esistenza di quell'uomo?

La risposta può essere sintetizzata semplicemente in un nome: Domenico Corallo.

Tutto quello che passava per la testa di Carmine, era il frutto della lusinga che in lui, giorno dopo giorno, producevano le parole di Domenico Corallo.

Lo aveva conosciuto nel 2011 durante uno dei suoi consueti giri di consegna delle carni macellate.

Era uscito dal suo ufficio dirigenziale del club, il Pink Lady di Pennant Hills, perché, disse, voleva conoscere tutte le persone che, in un modo o nell'altro, avevano rapporti di lavoro con la sua azienda. E lo disse usando una lingua, l'italiano, che al solo sentirlo gli si allargò il cuore.

Carmine, che fino a quel momento aveva avuto a che fare con il responsabile dell'approvvigionamento delle derrate alimentari per il ristorante del club, un borioso trentenne asiatico di cui non sapeva neppure il nome, capì che la gestione del Pink Lady era passata di mano. La qual cosa, considerata l'accoglienza riservatagli, peraltro da una persona con cui avrebbe potuto parlare la lingua dei suoi vecchi, non poté che lasciarlo piacevolmente sorpreso.

Tutti, o quasi, in maniera più o meno accentuata, subiscono l'influenza delle persone che incrociano la loro esistenza.

Per Turano, che a modo suo era sempre stato parecchio ambizioso ma che con la tenacia e la disciplina necessarie a raggiungere certi obiettivi aveva sempre fatto a botte, l'incontro con quella persona fu determinante.

Per bizzarro che possa sembrare, considerando che il nostro con i libri non aveva avuto mai un rapporto idilliaco, la molla che fece scattare la sua ammirazione per Corallo fu proprio la sua cultura.

Lui aveva con qualche fatica ottenuto quel suo Certificate risicato e, sebbene non avesse mai dato il giusto valore allo studio, per la prima volta nella sua esistenza provò invidia per la laurea alla Sydney University e per il Master in Business Administration ad Harvard che l'altro, figlio di calabresi emigrati anche loro in Australia negli anni '60, poteva vantare. Ancora una volta, a maggior ragione visto l'esempio che aveva sotto gli occhi e malgrado i non pochi sacrifici fatti da lui e da sua moglie, si congratulò con se stesso per aver spinto i figli a studiare cercando così da ottenere traguardi lusinghieri.

Ma non furono solo i titoli accademici a creare nella mente di Carmine quella stima che presto diventò vera e propria ammirazione per l'imprenditore italo-australiano.

Anche la sua personalità viva, brillante, a tratti esuberante ma che comunque, sempre, trasmetteva un senso di pacatezza, di studiata flemma, al cospetto della quale Carmine, malgrado il suo carattere estroverso, si sentiva sempre un po' in soggezione, fu altrettanto determinante.

E naturalmente, sarebbe disonesto non chiarirlo, anche la sua evidente disponibilità economica ebbe la sua importanza.

La classe sociale della famiglia d'origine prima e la sua personale condizione in seguito, avevano fatto di Carmine un uomo pàrco su cui l'agiatezza economica esercitava una certa presa. Egli notava, eccome, l'aspetto esteriore di colui che sarebbe diventato il suo datore di lavoro. Esso era un inno al lusso e produsse nella mente del povero camionista una certa dose di bramosia.

- Già come si vestono - pensava - la dice lunga sulla caratura della persona.

Era anche lo stile con cui Corallo portava quell'abbigliamento e quegli accessori, quella sorta di noncuranza che, studiata ad arte o naturale che fosse, finiva spesso per provocare nell'interlocutore occasionale meno facoltoso, un certo senso di inferiorità.

Si trattava di completi griffati da migliaia di dollari l'uno; di orologi svizzeri al polso al cui confronto i Daytona d'oro messi in così bella vista dai personaggi che popolano certi ambienti, sono degli orologetti da regalo della prima comunione. E poi le scarpe, le camicie, le cravatte e un po' tutto l'insieme che ne facevano una persona molto elegante.

Ma se l'aspetto esteriore della persona ebbe il suo peso, fu senza dubbio determinante quel che attraverso la sua parlantina Corallo seppe ispirare nella mente scaltra ma in fondo semplice di Turano. Per Carmine, quella prolissa loquacità era l'espressione di una interiorità ricca, sfaccettata, a tratti travagliata, ma immancabilmente brillante. Il fatto poi che tutta quella parlantina fosse rivolta proprio a lui, lo faceva convinto che Domenico fosse un altruista, una persona prodiga di disinteressata disponibilità verso il prossimo.

Questa, vera o meno che fosse, era la convinzione che Carmine si era fatto.

- Devi sentirli quando aprono bocca, quello che dicono, come lo dicono - rifletteva - quando ti rivolgono la parola a te, scaricatore di carni macellate, come se fossi un rispettato conoscente e di qualunque cosa parlano, dicono cose sensate che si capisce non solo che hanno fatto degli studi ma che riflettono, che hanno un'opinione sulle cose del mondo.

All'imprenditore la parte riusciva con naturalezza, si faceva capire, non faceva pesare a chi lo ascoltava l'eventuale ignoranza in materia.

Domenico era un quarantenne di statura normale, leggermente sovrappeso e portava un paio di baffi e una barbetta a punta che caratterizzavano il viso dai lineamenti affilati.

Ad uno sguardo d'acchito dava l'idea dell'insegnante di liceo più che dell'imprenditore rampante.

Quando parlava lo faceva con una pacatezza non comune e alla fine di ogni sua frase prendeva una pausa, come se volesse dare la possibilità a chi lo ascoltava di capire quello che aveva appena sentito.

- Si impara per tutta la vita - affermava con convinzione - e in un mondo popolato da squali bisogna tenersi sempre informati e aggiornati se non si vuole soccombere - ripeteva spesso, dando così spiegazione del suo amore per lo studio dello scibile umano e del suo successo professionale.

Dalle chiacchierate con Domenico, Carmine venne a sapere che era appassionato di filosofia, di arte, di astronomia, di musica, di ecologia. Ma anche che era costantemente informato sulle strategie geopolitiche delle superpotenze mondiali, che sapeva di sport, di gastronomia, di cinema, di auto. Corallo, in altre parole, non limitava i suoi interessi, le sue conoscenze, le sue ricerche, le sue prospettive, il suo mondo, al suo campo professionale, alla materia che aveva studiato ma pareva in grado di poter dire la sua su ogni argomento di cui si discutesse.

Aveva peraltro la capacità innata di esporre al suo interlocutore con semplicità e chiarezza i suoi punti di vista, sia che si trattasse delle visioni esoteriche di Julius Evola sul nuovo mondo oppure delle più recenti evoluzioni del jazz nordamericano, del grado di avanzamento della deforestazione amazzonica o dell'ultimo modello messo in commercio dalla Ferrari.

E naturalmente era ferratissimo sulle nuove frontiere dell'alta finanza internazionale.

E poi era affabile: ti offriva il caffè e lo prendeva con te, ti chiedeva come vanno le cose, la famiglia, la disponibilità economica, se per caso stavi pagando il mutuo, se i figli stavano studiando.

Ammetteva senza tanti giri di parole che lui non avrebbe potuto fare la vita che faceva Carmine, senza però esagerare ipocritamente dicendo che lo invidiava.

Perché la verità è che Domenico Corallo non invidiava nessuno.

Quelli come lui sono nati e sono stati educati per stare lì dove sono, in posti di comando, di prestigio.

Sembrava quasi che se avesse alzato un dito verso il cielo avrebbe potuto toccare Dio.

Infatti affermava con convinzione che Dio apprezza di più chi è creativo, chi cerca di imitarlo invece di chi lo adora senza condizioni.

Turano, che si sorprendeva ad ascoltarlo a bocca aperta, quando l'altro diceva certe cose non poteva fare a meno di chiedersi:

- Ma che cazzo c'entra la creatività di Dio con il comando, con il prestigio? Questo qui ha studiato Finanza e con la finanza si è arricchito: che creatività e creatività, quelli sono numeri.

Infatti: sono numeri, per dirla con Turano! Nel senso che quella è gente che con la finanza, virtuale oramai, con i numeri insomma, ci lavora e ci si arricchisce immensamente.

Gente a cui, come si accennava prima, poteva senza dubbio essere riconosciuta la capacità di condividere la loro vasta cultura spiegandola con semplicità disarmante anche a un ignorante, senza farlo sentire un idiota. Però il rivolgere la parola a un povero disgraziato come il nostro scaricatore di quarti di bue, doveva servire ad agevolare la riuscita di un qualche loro piano predeterminato.

Ma questo, il nostro camionista figlio di calabresi non poteva saperlo e lo avrebbe scoperto solo in seguito, quando ormai era troppo tardi per tornare indietro. Con rammarico, allora, gli sarebbero tornate in mente le parole di suo padre che affermava convinto che da certe situazioni si esce solo 'nti na cassa i lignu (1) e che se lui se n'era venuto in Australia, a parte la fame, un motivo più che valido c'era ben stato.

(1) in una cassa di legno

Andragathos

Capitolo 5

9 giugno 1964

- E 'sto continuo drun drun, drun drun, cu 'sti Lacreme napulitane tuttu u jornu a ciangiri e malediri e "comm'è ammaro 'stu pane e comm'è ammaro 'stu pane". E o sacciu mannaia la miseria ch'esti amaru stu pani, u sacciu. Pari ca a Calabria era megghiu? Fami era ddà e sacrifizzi ennu ccà! Ma all'Australia pe lo menu potimu travagghiari e sfamari 'sti figghioli. Ca sulu, u vidi, nun c'ià fazzu! 'Ndai i nesci puru tu, 'ndai mi smenti mi ti fai malucori e 'ndai i vai e ti truvi 'nu lavuru, si volimu cattàri a casa. (1)
Rocco Turano non è in vena di moine nostalgiche e strapazza un po' sua moglie Caterina.

- Parla l'italiano t'ho detto - fa lei - siamo d'accordo che in casa parliamo italiano, per i bambini. Già fanno fatica così, lo sai, devono anche imparare l'inglese. Almeno, se devono sforzarsi lo fanno per imparare la lingua del posto dove sono nati. Bella Italia...

- E poi cosa credi, che queste lacrime mi scendono per sfizio? Mi manca la Calabria, mi manca casa mia, perché a te no?

Certo la Calabria gli manca e lui solo sa cosa prova nei momenti di sconforto. Ma si fa forza e li supera: emigrando ha preso al volo la possibilità di levarsi l'eterna penuria di cibo in tavola e di farsi un futuro.

D'altra parte l'alternativa per rimanere era quella di riverire il capoccia locale, U Collocaturi, per fare quel minimo di giornate lavorative annuali alla Forestale. Con quelle poi ti danno la disoccupazione per il resto dell'anno. Oppure entrare direttamente nella 'ndrina e vivere di malaffare, come più d'una volta gli è stato offerto, perché la sua famiglia è rispettata in paese.

Manco a parlarne e quindi con quelle quattro lire della Forestale non è certo un bel campare. Ti lavori l'orto e ti fai frutta e verdura tutto l'anno, è vero. Ti cresci il maiale e tieni le galline ed è vero anche che quelle tre stanzette di casa gliele ha lasciate il padre morendo. Ma come si fa quando si devono crescere i figli, se si vuole farli studiare per farsi una posizione.

Lui e Caterina di figli ne hanno tre, Lucia, Immacolata e Carmine.

A maggio del 1963 è venuto a sapere del bando del governo australiano: pagano il viaggio in nave in cambio della firma sul contratto per cinque anni per lavorare alla centrale elettrica in costruzione. Ho trentaquattro anni, ha pensato, sono ancora giovane e ce la posso fare. Se lei mi sostiene voglio dare un futuro ai nostri figli.

Le ha parlato e dopo molte discussioni, qualche lacrima e un paio di sceneggiate l'ha convinta. In breve tempo, considerando tutto, ha preparato le carte e senza quasi rendersi conto dell'accavallarsi degli eventi, dopo quasi un mese di nave, in un bel giorno soleggiato di febbraio del 1964 si sono trovati davanti all'Harbour Bridge, a Sydney.

- O sacciu ca ti manca a casa, i to soru e i to frati, a to matri ma puru a mia... - (2)

- Parla italiano, Rocco - lo blocca lei

- ... anche a me manca casa, mio padre, le mie sorelle, gli amici, i compari, il mangiare, tutto mi manca. Ma qui possiamo riuscire. Però mi devi aiutare, altrimenti non ce la facciamo; devi tirarti su di morale, trovare forza. Fatti aiutare dalle commari, loro sono arrivate prima e sanno già come muoversi, devi trovarti un lavoro. Lo capisci o no che con due stipendi la banca ci presta i soldi e 'ndi potimu cattàri a casa? (3)

- Fai presto a dire tu, sei andato con i tuoi compari e poi tra uomini...e poi ci sono i bambini, Rocco...

- Io ho fatto tra uomini e tu fai tra donne, no? Parli come se non conoscevi a nessuno. Ci vai a fare la spesa con loro, sì? E dicci che se sentono che cercano qualcuno, alla stireria, alla fabbrica dei succhi di frutta, insomma dove lavorano loro, che te lo dicessero e ti presentano al padrone.

- E dai su, vieni qua, 'sciuga 'ste lacrime. Dai dammi un bacetto, vedrai che piano piano passa 'sta madonna 'i nostalgia e poi stiamo bene tutti i cinque. Noi lavoriamo, i quatrari (4) vanno a scuola e ci sistemiamo.

Caterina si avvicina, lo guarda con tenerezza, lo accarezza in viso e con naturalezza finisce tra le sue braccia. Lui la tiene stretta per qualche attimo e poi, scostandola dolcemente, cerca le sue labbra e la bacia. Lei, gli occhi socchiusi, accetta compiaciuta l'omaggio alla sua femminilità ma presto si divincola e sorridendo si avvia verso la cucina.

Lui esce sulla veranda, ché in casa lei non lo fa fumare, e ne accende una.

Ha fatto presto lui, con il lavoro: dopo i primi due mesi vissuti come i carcerati a Bonegilla, nel campo emigrati, gli hanno finalmente dato il lavoro al cantiere delle Snowy Mountains, dove costruiscono la diga e l'impianto idroelettrico. A posta ha firmato il contratto no?

Fa il cementista. Così con i primi stipendi hanno finalmente potuto affittare una casetta a Ryde e lui ha iniziato il su e giù settimanale, dal cantiere.

È l'impianto più grosso d'Australia: prima di iniziare a lavorarci non aveva mai neanche immaginato che potesse esserci un cantiere di quelle dimensioni. Ci lavorano tanti italiani, ma anche greci, cinesi, uomini di tutte le razze.

- In settimana stiamo nelle baracche - pensa Rocco - e non è un bel vivere: in ogni baracca ci sono dodici brandine e una cucina con un tavolone e le panche per sedersi. I cessi e le docce sono in una baracca a parte, fuori e distanti che sai com'è, solo nel nostro cantiere siamo più di trecento a lavorare. Trecento come quelli delle Termopili che ci raccontava la maestra, quelle tre classi di elementari prima che le capre mi mangiavano i libri, ma serviva una mano in casa, mi ci ha mandato mio padre a badarci.

Le baracche sono di lamiera ondulux e d'estate si schiatta dal caldo anche di notte e poi certe zanzare che Dio ce ne liberi. E d'inverno si battono i denti e non c'è stufetta che tenga. Cuciniamo nella baracca, cioè cucina Gabriele per tutti, uno di Francavilla a Mare che faceva il cuoco in una trattoria quando era lì in Abruzzo. Stacca un'ora prima, che gliela paga la ditta, e cucina per noi della baracca, tutti italiani.

Mette su la pasta tutti i mezzogiorno e la sera quando fa due polpette al sugo, quando le braciole, quando nu mmorzu i gaddina (5) insomma quello che fornisce l'azienda per i pasti: passa un furgone tutti i giorni. E tutti i santi giorni mangiamo carne: e quando mai in Calabria?

E con lo stipendio ci campo la famiglia comodo. Insomma non c'è male, anche per la convivenza nella baracca, si va abbastanza d'accordo. Per carità, ogni tanto qualche sciarriatina (6) succede: o per le carte giocate male o per uno sfottò un po' più pesante. Ma quello è sempre Alfio, il più giovane di noi, un siciliano: è venuto qui da solo e ha lasciato la fidanzata al paese, vicino a Girgenti, e appena appena si fa una mezza parola, buuum salta per aria e comincia a jastemari (7).

Ma noi più anziani lo sappiamo prendere e dopo un po' si calma e poi, per pagarla che ha rotto i coglioni, deve anche andare allo spaccio e comprare una cassa di birra. Poi al sabato mattina vengono con la corriera di cinquanta posti e ci portano a Sydney: arriviamo al pomeriggio a casa, finalmente, così si può stare in famiglia fino al lunedì mattino alle sei. A quell'ora devo trovarmi alla stazione Central: di lì c'è la corriera che ci riporta in cantiere.

Ma cosa avrei da lamentarmi io? Poco, quasi niente! Mi manca il paese, è vero, i parenti, gli amici. Ma Cristo qui si lavora, qui c'è un futuro per me e Caterina e per i figli. E non devo piegare la schiena di fronte a nessuno: quello che ho me lo guadagno onestamente col sudore della fronte. E me lo rompo il culo, và: dodici ore al giorno ad armare solette e muraglioni e poi il giorno della gettata è veramente da ammazzarsi e si finisce quando si finisce, delle volte anche coi fari di notte lavoriamo per finire la gettata. Ma quando sono stanco penso alla busta paga, penso al tetto che gli voglio mettere sulla testa a quella donna, penso ai tre figli meravigliosi che mi ha dato, due femmine e un maschio, quel brigante. Penso alla scuola e penso che studiano e imparano 'sto cazzo d'inglese e si fanno una posizione così non devono rompersi la schiena come suo padre.

Invece lei mi dà da pensare, faci malucori (8). Certo, lo sa anche lei che qui staremo meglio, daremo un futuro ai figli ma non riesce a darsi pace: i vecchi sono rimasti in paese, non li vede mai più, le sue sorelle la maledicono siccome se n'è andata e ha lasciato i vecchi da soli. Ma quale soli e soli: quelle arpie ci girano sempre attorno a 'sti du' vecchiareddi (9), hai visto mai che ci lasciassero dieci lire di più a una che non all'altra: gentaglia, pidocchi. Donnette che sfogano così l'amarezza di una vita passata tra i pettegolezzi e le malelingue. Martiri del focolare, invecchiate prima del tempo a fianco di uomini da poco, personaggi da osteria dove passano gran parte del loro tempo giocando a patruni e sutta (10) per fare ritorno a casa spesso e volentieri 'mbriachi (11).

Per quello ci dico di trovarsi un lavoro, perché così si leva 'ste turille dalla testa. Se eramo al paese non si poteva mica fare una cosa cosí: e sai le botte di cornuto e di puttana che ci chiamavano? E sotto sotto io lo so: i compari la pensano come me e non sono contenti di dover chiedere di loru mugghieri mi vannu e lavuranu (12).

E certi, mi si dici tutta (13), le mogli non le fanno uscire per gelosia e 'ste povere disgraziate passanu i jurnati (14) chiuse a casa o con la suocera a sorbirsi ore e ore di lodi per i loro figli, con la commare della casa vicina, sempre pronta a spettegolare, ne ha sempre una da dire per tutti, o con gli anziani delle altre famiglie, poveretti, delle volte li devi anche quasi imboccare, da quanto sono vecchi e consumati dalla fatica.

Ma tante, tante donne vanno a lavorare, e sono contente e i mariti anche. Lo vedi come la necessità ti fa cambiare anche mentalità? Certe cose al paese non le faresti mai.

Scandalo, mandare tua moglie a lavorare. Si pari ca a casa non fannu nenti, mischinedde (15).

E poi non è solo la necessità ché volendo uno con uno stipendio la famiglia la tira avanti.

Ma così si intravede la possibilità di farsi qualcosa di stabile, la casa, un po' di sicurezza in banca, la pensione per quando saremo vecchi.

Ma lei mi chiede dove vado? Non sacciu mancu i parru 'sta lingua 'nglesi (16), se mi dicono qualcosa non capisco niente e diventa un dramma anche fare la spesa. Mi pare che tutti mi prendono in giro.

Ma no - ci dico io - ti trovi un lavoro dove ci vanno anche le tue commari e vi fate compagnia e vi aiutate a vicenda. E così non sei sola nel caso di una provocazione di qualche uomo, penso io ma non lo dico altrimenti 'ndi sciarriamu (17). La donna, si sa, puttana di natura è, a parte quella santissima donna di mia madre.

E poi insomma, quelli della banca ce l'hanno detto: con due stipendi i soldi per comprare la casa ce li danno, con uno no, è troppo poca garanzia, dicono.

La voce di Caterina squilla perentoria:

- Bambini, a lavarsi le mani ché la pasta è pronta.

Schiamazzo in bagno, solite scaramucce, poi si siedono a tavola e mangiano gli spaghetti al tonno.

- Rocco, anche se fa fresco oggi e 'na bella giornata, ora che mangiamo li porti i bambini alle giostre al parco qui dietro?

- Si, si papà, dai, portaci...

- E chi è 'sta novità ora? Volevo curcarmi 'n'urata... (18)

- Dai papà e portaci, ci sono anche gli altri bambini...

- Se tu li porti io posso andare a parlare con commare Rosina che lavora a inscatolare le lattine di baked beans e l'altro giorno mi ha detto che cercano personale per il reparto delle etichette.

- E dai papà, andiamo alle giostre...

- Silenzio voi! E tu ci vai a domandare se ti può mettere una buona parola per farti assumere?

- Eh, hai capito. Mi basta un'ora, prendiamo il caffè e ci parlo. Così stai anche un po' con i tuoi figli.

Sul viso di Rocco spunta il sorriso delle grandi occasioni. I bambini ridono già, pregustando la scenetta che, già lo sanno, il padre metterà in atto come fa sempre quando sorride in quel modo. Rocco, si toglie il tovagliolo dal petto, si alza e infila la mano dentro la camicia, sul petto, assume un atteggiamento marziale e con tono cerimonioso si rivolge ai bambini:

- Allora truppa, in nome e per gloria della Madonna della Montagna e di San Sebastiano Martire, io Napoleone Bonaparte proclamo: oggi si va alle giostre.

- Sì, sì, grazie papà - urlano i figli felici della decisione.

L'uomo si risiede e mentre prende le ultime forchettate di pasta rimasta nel piatto, guarda di sottecchi Caterina. La sua occhiata è carica di gratitudine e in esso vi è anche una scintilla di desiderio. Sua moglie lo ricambia sorridendo.

(1) e 'sto continuo drun drun con 'ste Lacreme napulitane, tutto il giorno a piangere e maledire, e "comm'è ammaro 'stu pane e comm'è ammaro 'stu pane". E lo so, porca la miseria, che 'sto pane è amaro, lo so. Perché in Calabria era meglio? Fame era là e sacrifici sono qua! Ma in Australia per lo meno possiamo lavorare e sfamare 'sti figli. Ché da solo, lo vedi, non ce la faccio! Devi uscire pure tu, devi smettere di far malincuore e devi andare a trovarti un lavoro, se vuoi che compriamo la casa.

(2) lo so che ti manca casa, le tue sorelle i tuoi fratelli, e tua madre ma anche a me...

(3) ci possiamo comprare la casa

(4) bambini

(5) un pezzo di gallina

(6) litigio

(7) bestemmiare

(8) si intristisce

(9) questi due poveri vecchiarelli

(10) padrone e sotto. Gioco a carte che prevede il consumo di bevande alcoliche (vino o birra).

(11) ubriachi

(12) alle loro mogli di andare a lavorare

(13) per dirla tutta

(14) passano le giornate

(15) come se a casa non facessero niente, poverine

(16) non so neanche parlarla questa lingua inglese

(17) finiamo per litigare

(18) sdraiarmi per un'oretta

Capitolo 5

Capitolo 6

17 maggio 1973

- Novità?

- Ma niente, il lavoro è tutto a posto. Vado alla mattina alle otto e mezza, dopo che porto le ragazze e il bambino a scuola, mi metto i guanti di gomma e la mascherina di stoffa, per l'igiene sai, e carico lavatrici dopo lavatrici di lenzuoli federe, copriletti, tovaglioli, strofinacci da cucina, grembiuli delle infermiere e dei medici e via discorrendo. A mezzogiorno e mezzo mi mangio 'sto sandwis... sandich... sì insomma 'sto panino con Rosina e parliamo di casa, della famiglia, i bambini, la scuola. Poi 'ndi facimu u café (1) e poi, pomeriggio, stiro la roba fino alle due e mezza: a quell'ora stacco e vado a prendere i bambini all'uscita di scuola.

- Be', otto ore non è male come giornata, no? Ma ti trovi meglio della fabbrica di pelati? Dopo tanti anni, voglio dire.

- Si certo, poi adesso pesi non ne alzo più, c'è un cinese che fa il facchino...

- Mi devo ingelosire?

- Ma va scemo. No, è meglio di prima. E in più sono contenta: ho potuto far entrare anche Rosina, ci ho reso il favore di quella volta, nove anni fa. Il posto non è male ma sto in piedi tutto il tempo e mi stanno venedo le vene varicose.

- Ma quali vene e vene, sei sempre...'nu babà.

Rocco la prende per il braccio, lei cerca di divincolarsi ma intanto sorride lusingata.

- E dai che i figghioli non ennu a casa, 'ndavi 'na settimana c'aspettu (2). Tu no?

- Sì, anche io - replica lei semplicemente e con naturalezza, sorridendogli, lo prende per mano e lo conduce in camera da letto.

Dopo l'amore, lei poggia la testa sul petto del marito.

- E tu? Dice la televisione che ormai il cantiere è finito.

- Sì finito... il grosso è finito e l'impianto funziona. Ma prima di sbaraccare tutto passa ancora un altro anno. E ormai ci resto fino alla fine: una paga così a lavorare a Sydney me la scordo. Oh... più di ottocento milioni di dollari è costato. Ché poi comunque quando chiude il cantiere ci prendiamo un mese di ferie e andiamo in Italia. È da quando siamo venuti qui all'Australia non siamo mai tornati. Tutti e cinque andiamo, ci vengono anche i bambini così a tua madre e mia madre e tutti ci farà piacere, tanto loro non verranno mai. Poi sono curioso di vedere com'è 'sta storia di andare coll'apparecchio.

- Lascia stare l'apparecchio adesso. Senti, già che parlavamo dei bambini, io ti anticipo la novità ma tu devi promettermi di non incazzarti e non ci mini (3) a Carmineddu.

- Perché chi cumbinau? (4)

- Si sciarriàru a scola (5). Dice che il suo compagno di classe, un certo

David, lo prendeva sempre in giro ché è italiano di qua, ché gli italiani di là. Insomma hanno fatto a cazzotti: tuo figlio a 'stu David ci ruppiu i mussa (6) e lui è tornato a casa con un occhio nero.

- Figurati! Ora per una presa in giro ti alzi le mani?

- Così mi ha detto lui. Ora vado a prenderli, lo sai, il sabato mattina vanno al club 'nto préviti (7) 'sto Catholic Youth Organisation per un po' di sport e gioco.

Vado e torno, tra mezz'ora siamo a casa. Fattelo raccontare da lui ma ti prego, non maltrattarlo. Già 'sti bambini è più i giorni quando tornano a casa col muso che quelli quando sono spensierati. Me la immagino la musica in 'ste scuole, per i figli degli emigranti? Nel suo piccolo, patiscono anche loro cosa ti credi?

- E va bene, allora mi faccio raccontare.

- Tanto non può fare finta di niente, l'occhio ce l'ha ancora gonfio e mezzo scurato. (8)

Caterina si riveste, lo bacia ed esce di casa.

Rocco va sulla verandina e ne accende una: ma possibile, pensa, che un bambino di undici anni può avere nel cervello tutte 'ste cattiverie di prendere per il culo uno della sua stessa età per una cosa così? È vero che i quatrari (9) a volte possono essere crudeli più dei grandi, ma quella è malizia, la cosa della nazionalità, dico. E quella, la malizia, ce la mettono i grandi nella testa, quando sono a casa sentono certi discorsi e poi li ripetono. Siccome già non ce la rendono difficile a noi grandi, la vita, pare che gli rubiamo il pane. E wog di qua, e dego di là... poi quando ci scappa la rissa, allora siamo tutti mafiosi.

Intanto la madre e i figli sono ritornati: Caterina va in cucina per mettere sul fornello la caffettiera mentre le ragazze fanno le feste al padre che non vedono da una settimana. Carmine invece sgattaiola dentro imbronciato e senza dire una parola.

Rocco fa finta di niente, abbraccia le ragazze, sedici e quattordici anni, e cava dalla tasca la solita stecca di cioccolato che porta tutte le settimane per loro. Poi le fa rientrare per cambiarsi e chiama il figlio fuori:

- Carmineeeee. Carminuccio, vieni qua a papà che ti devo parlare.

- No - si sente la voce ingrugnata del bambino che proviene dalla sua camera.

- Carmine, vedi che se ti vengo a prendere è peggio. Vieni qua fuori che ti devo chiedere una cosa.

Dopo qualche minuto d'attesa il volto immusonito del figlio fa capolino sulla veranda

- Carminuccio, come mai hai l'occhio gonfio e scuro?

- Tanto te l'ha già detto la mamma.

- Si, me l'ha detto tua mamma, ma io voglio sentire la storia raccontata da te. E senza che mi cugghiunii (10) perché lo sai che posso telefonare lunedì al Principal della scuola e farmi raccontare le cose da lui. Se sei sincero adesso sono disposto a parlare, ma se mi racconti delle bugie, poi io e te facciamo i conti.

Carmine scoppia in lacrime e tra i singhiozzi prova a raccontare al padre quello che è successo:

- C'è questo mio compagno di classe, David si chiama, David McFarlane. Ha sempre qualcosa da dire sugli italiani, anche la maestra gli dice di stare zitto. Ma tutti ridono e io...

- E tu?

- Io... Papà tu mi hai detto quella volta che io non devo alzare le mani, solo per difendermi devo picchiare solo per difendermi, non per attaccare. Io sto sempre zitto, anche se delle volte poi mi viene male allo stomaco e mi viene male alla testa - un singhiozzo lo interrompe.

- È giusto, te l'ho detto e te lo confermo: se ti alzano le mani difenditi ma per attaccare qualcuno non devi picchiare mai. E voglio che fai così. E allora mi racconti o no cosa è successo?

- Eravamo nell'ora di sport e abbiamo fatto una partita a rugby.

Nella mia squadra c'ero io, Arturo Bandini, Bastiano Parodi il tirchio, che non gioca mai con le biglie perché ha paura di perdere. Poi c'era... chi c'era più?... ah si c'era anche Giuseppe Morabito e il figlio del tuo amico Carmelo Spadafora, Lillo.

- Ma a quanti sono le squadre, Carminè?

- Nove giocatori per parte, Pà.

- E va bene dai e allora?

- Fino alla fine eravamo pari, dodici a dodici, poi a un minuto dalla fine lui, questo David, ha fatto un field goal, un gol da un punto e hanno vinto, tredici a dodici, hanno vinto.

- E be', si vince e si perde, te l'ho sempre detto no?

- Quando tornavamo in classe lui, faceva comunella con gli altri australiani, ridevano e mi guardavano e poi lui ha detto che hanno battuto la squadra degli italiani.

- E tu?

- Io niente papà te lo giuro.

- E allora?

- E poi ha detto che non dicevo niente perché gli italiani sono tutti fifoni, che anche suo papà lo dice che in guerra gli italiani erano tutti cowards, tutti cagasotto.

- Davvero? La sa lunga questo McFarlane: tu cosa gli hai risposto?

- Io... Non lo so cosa mi è successo papà - risponde il bambino riprendendo a piangere forte - non lo so, non sono riuscito a trattenermi: gli sono corso incontro e gli ho gridato di ripeterlo se aveva coraggio. Lui ha ripetuto quella parola, cowards, che vuol dire fifone appunto. Non ci ho più visto: gli ho mollato un pugno sulla bocca, così lui mi ha dato un pugno che mi ha preso nell'occhio.

- Vedo, vedo. E poi, vi hanno diviso?

- Si papà, c'era il teacher, Mister Panella, ci ha diviso e poi ci ha detto di fare pace, di darci la mano ma la mano noi non ce la siamo data.

- E così, vi hanno sospeso?

- No, sospeso no perché è stato lui a provocare, ma mi hanno dato una detention, che nell'intervallo della colazione devo scrivere cento volte "Io non devo fare a botte, io non devo fare a botte" per cento volte, per una settimana, tutti i giorni. A lui invece niente perché sono stato io a cominciare.

Una rabbia sorda invade Rocco che a stento si trattiene dal lasciare lì il figlio e correre a scuola e sfogarla sul Principal, il preside, o su quel tacchino impettito di Panella, figlio di italiani tra l'altro, buono solo a pavoneggiarsi con le mamme carine degli alunni. Ma dove? È sabato, ormai la scuola è chiusa.

Come si fa a punire un bambino che ha reagito a un'umiliazione? Subìta per chissà quante volte poi. Rocco però sa che quando si educa e si è tirata una linea, poi si deve rimanere entro quel tracciato: non può fare eccezioni se non vuole perdere il rispetto dei figli.

-Capisco il motivo della tua reazione, ma hai torto lo stesso per avere alzato le mani per primo. Lo so che non è bello che ti chiamano cagasotto, perché tu non lo sei, ma ti ripeto e ti confermo che tu, da uomo, devi imparare a difenderti, ad alzare le mani solo se ti attaccano, ma se no devi fare finta di niente quando ti prendono in giro. Lo fanno perché non conoscono il diverso, sono loro che hanno paura e tu devi essere superiore. Questa settimana niente cinema parrocchiale e domani a mezzogiorno niente dolce.

- Ma papà...

- Niente ma, fila prima che cambio idea.

Carminuccio rientra mogio e piangente e va a chiudersi in camera sua.

Rocco accende una sigaretta e voltandosi verso lo stipo metallico che

Caterina tiene sulla veranda per le scope e il detersivo, fa partire un pugno e ammacca la porticina di lamiera.

(1) ci facciamo un caffè

(2) i bambini non sono in casa, è una settimana che aspetto

(3) lo picchi

(4) cosa ha combinato?

(5) hanno litigato a scuola

(6) gli ha spaccato le labbra

(7) dal prete

(8) bluastro

(9) bambini

(10) mi prendi in giro

Capitolo 6

Andragathos

Capitolo 7

4 novembre 1976

Lucia, diciotto anni, e Immacolata, sedici, sono davanti allo specchio della toeletta, in camera loro.

Lucia, la maggiore delle sorelle Turano, è un po' bossy, direbbero le loro coetanee australiane: pretende di imporsi sulla sorella minore.

Ma Immacolata, malgrado sia più piccola, ha un carattere tutto pepe e quando è il caso le tiene testa.

- Tu sei la cocca di papà e se glielo dici tu non s'arrabbia.

- Così io sarei la cocca di papà? Se è così allora spiegami perché a me fa moine e mi dà bacetti ma se dico qualcosa non mi sta neanche a sentire? Perché invece a te ti parla come parla alla mamma, come a una persona grande?

- Perché io sono grande, bella mia, io ho già diciotto anni. Però se io gli chiedo qualcosa è sempre no invece se chiedi tu, tutto è concesso.

- Ah si? E cosa m'avrebbe concesso?

- Insomma glielo chiedi o no?

- Ah cambi discorso ora? Figurati se non s'arrabbia: per quello mi mandi a me allo sbaraglio. Tanto il discorso l'abbiamo già fatto no? E lo sai bene papà come la pensa. Anche se quel giorno non si parlava di qualcuno in particolare lui il suo punto di vista l'ha detto bello chiaro e tondo: se un ragazzo vuole uscire con le sue figlie deve venire a presentarsi in casa. E le famiglie si devono conoscere. Poi allora, in compagnia della mamma, ci fa andare al cinema o al ballo del Club Italia.

- Sai che spasso... tango e mazurca

- Beh, meglio che niente, ti pare?

- Sì, mentre le nostre compagne di classe australiane vanno sole ai party con i loro boyfriends e ascoltano le canzoni degli Abba e dei Bee Gees.

- E poi il lunedì a scuola ci prendono in giro. Però almeno così, se lui viene, vi potete vedere.

- Lui chi?

- Dai non fare finta di non capire: Sandro Martelli, il tuo moroso.

Lucia distoglie lo sguardo, poi sorride, ma il suo sorriso si cambia presto in un ghigno adirato.

- Si lui viene... dopo, il porco.

- Dopo che?

- Dopo che si nasconde al parco dietro quel ficus enorme, sulla panchina e quella putt... quella poco di buono di Carol Zanderski, la polacca, glielo ha...

- Cosa?

- Dai non fare la finta tonta.

- Glielo ha... che cosa?

- Gli tocca il coso...

- Oddio che schifo...

- Mah... farà anche schifo ma lui mi dice sempre che ama me, ma che se io lo amo veramente glielo devo fare anche io: dice che è bellissimo.

- E come si fa?

- Non lo so.

- Si che lo sai, mostrami.

Lucia esita un momento ma poi impugna la spazzola per capelli e mima per qualche secondo una masturbazione.

Le due sorelle, turbate, arrossiscono.

- Se Don Carmelo viene a sapere che lo sai...

- E chi glielo dice?

- La domenica mattina quando ci confessiamo.

- Fossi scema? Così lui lo dice subito alla mamma. Allora glielo dici o no?

- Ma sei sorda? Ti ho detto di no, non glielo dico. Non mi va di farlo arrabbiare, perché poi mi punisce. E poi cosa credi che è stupido?

- Cosa vuoi dire?

- Voglio dire che lui lo capisce subito che è una tua idea. Così ci vado di mezzo io perché ho chiesto e tu perché mi ci hai mandato. E poi cosa dovrei dirgli con precisione?

- Gli devi dire che Gayle Thompson ci ha invitate a casa sua domenica dopopranzo per mangiare la Pavlova e che poi andiamo al cinema a vedere The wizard of Oz. Così possiamo andare da sole con Gayle e poi al cinema viene Sandro. Con Gayle sono già d'accordo perché al cinema viene anche Steve Jarrett, che se là intende con lei.

- E secondo te lui ci fa andare?

- Non lo so ma se non ci proviamo...

- No cara, mi dispiace ma non mi convince il tuo piano.

Lucia ha un gesto di stizza e getta a terra la spazzola per capelli:

- Se non glielo vai a dire allora...

- Allora cosa?

- Io gli racconto quello che ho visto l'altro giorno passando dal parco dietro la scuola, all'ora dell'intervallo.

Adesso è Immacolata a reagire con imbarazzo:

- Cioè?

- Beh, diciamo che dietro la palestra c'era un tipo di mia conoscenza che si baciava con una tipa che conosco molto bene.

- What a bitch... che stronza, ma questo è un blackmail, un ricatto vero e proprio.

- Tu baciavi il tuo Pinuccio Mastropasqua dietro la palestra e io bacio il mio Sandro Martelli al cinema. Siamo pari.

- No, non siamo pari: io sono stata più furba di te, a scuola non devo chiedere il permesso di andarci, anzi se non ci vado passo dei guai. Tu invece, visto che Carol la polacca sembra più decisa di te, devi fare tutto di corsa e a mucciuni, come dice la mamma, di nascosto.

- What a bitch - le risponde piccata Lucia.

- Se non la smetti...

- Se non la smetto cosa?

C'è un attimo in cui la tensione si taglia con il coltello, ma poi le due sorelle scoppiano a ridere e si abbracciano.

Capitolo 7

Capitolo 8

19 agosto 1978

- Ma dài Rocco, siamo nel millenovecentosettantotto, siamo quasi nel duemila.

- E io me ne fotto ca simu 'nto dumila... (1) è 'na vergogna lo stesso!

- Ma quale vergogna? E va bene, Pinuccio l'ha messa incinta, ma erano già fidanzati in casa e ora se la sposa: dov'è il problema?

- Il problema è che tutti sparlano e io ho perso la faccia per colpa di quella poco di buono... di quella...

- E dài compare, non parlare così, è pur sempre tua figlia.

- Che ne sai tu... le tue figlie non t'hanno portato questa vergogna in casa.

Turano è fuori di sé: l'altra sera, erano a seduti per la cena in cucina, la loro cucinetta con il tavolo di noce con il ripiano di marmo bianco su cui la moglie stende una tovaglia a quadri, le cinque seggiole impagliate, la credenza con i piatti, i bicchieri e le pentole e il televisore in fondo, nell'angolo più lontano. Nei piatti fumava un minestrone di verdure, una delle ricette che a Caterina riescono più gustose. La televisione trasmetteva il notiziario, le solite stronzate di quartiere che però lui segue sempre con attenzione. Malgrado la concentrazione nell'ascolto, gli era parso che l'atmosfera fosse un po' tesa. Ad un tratto sua figlia Immacolata, il viso tirato dalla tensione ma lo sguardo risoluto, rivolgendogli la parola, ha annunciato che presto si sarebbe sposata.

- Come ti sposi? - ha chiesto Rocco sbigottito.

- Si papà mi sposo ché sono incinta di due mesi - ha risposto la ragazza chinando lo sguardo.

Gli è andato storto anche il sorso di vino che stava bevendo e ha tossito. Ha cominciato a bestemmiare santi e madonne e più continuava e più la rabbia dentro gli montava tanto che a un certo punto ha perso il lume della ragione e si è alzato per schiaffeggiarla.

Lucia, la sorella maggiore, è scappata in camera sua. Caterina e Carmine si sono messi in mezzo e malgrado le urla e i suoi tentativi di divincolarsi, poco per volta sono riusciti a calmarlo.

Allora lui si è seduto sulla seggiola, ha bevuto un altro goccio e poi è scoppiato a piangere.

- Tu, proprio tu - pensava - che sei sempre stata la mia favorita. Ecco come mi ripaghi, con 'sta pugnalata del farsi mettere incinta. Pare che non lo sappiamo cosa fate quando rimanete soli, ma cristuddiddiu, un uomo riverito e rispettato cu na vrigogna cussì 'nta casa... (2) che non ve l'ha detto tua madre di starci attente?

- Io so quello che sento - ribatte Pasquale Melillo, suo compare, gli ha battezzato a Carminuccio ed è amico da una vita, erano insieme già dai tempi delle Snowy Mountains - la gente parla, è vero, ma dice che comunque il matrimonio è combinato e quindi la cosa è riparata.

- Sì, riparata...

- Piuttosto sai cosa? Parlano di spese forti, non di vergogna. Dicono che sarà una bella botta, due matrimoni nello stesso anno. A gennaio si sposa Lucia con Sandro e adesso, di corsa, sposi la piccola.

- Meglio non pensarci, và. Tra una cosa e l'altra mi partono cinquemila dollari ogni sposalizio. Volevo mettere la metà nel mutuo per finire di pagare la casa.

- Ehhh... il mutuo lo finisci l'anno prossimo. Tanto la grande s'è già diplomata e lavora da Woolworth come cassiera e Immacolata vuol dire che per i primi tempi lavora Pinuccio, tanto lui ha finito l'apprendistato con Steve Malerba u meccanicu (3).

- E poi noi li aiutiamo, ci mancherebbe. Con compare Micu siamo d'accordo: io pago per il matrimonio e lui gli dà tremila dollari per il deposito della casa. Comunque Joe Cecchini ci ha assicurato che quando Immacolata si diploma la prende per tenere i libri. La nuora, l'irlandese, quella sfaticata, ha messo in chiaro che lei non si è sposata per stare nel negozio di frutta e verdura.

- Eh... moglie e buoi dei paesi tuoi, dicevano i vecchi. Ma piuttosto, Lucia? Cioè Sandro voglio dire?

- Sandro, caro mio, è sistemato bene! A frabbica i scarpi (4) di suo padre funziona bene e hanno dovuto assumere altra gente che il lavoro si allarga.

- E allora vedi... ca fai malucori pe' nnenti? (5) Sono giovani, calorosi, certi incidenti possono capitare. Che anche noi se potevamo... e a te come è andata, ti sei dimenticato?

I due compari ora ridono: Rocco versa da bere la birra e alza il bicchiere per brindare.

- Hai ragione Pasquale, tanto ormai quello che è fatto è fatto e non si torna indietro.

- Ecco bravo, prendila dal lato buono, tanto le cose ormai non le puoi cambiare. E certo che essere nonno a cinquant'anni manco compìti poi...

- Manco compìti per l'appunto, ancora non abbiamo finito con i figli e già cominciamo con i nipoti.

- Dassa futtiri... (6) e non fare la vittima tanto sempre sulle spalle di Caterina va a finire la faccenda. Volevo chiederti del lavoro: ti trovi bene da Carlo?

- Ma, bene mi trovo bene, lo stipendio è buono, è puntuale ma caro mio, certi mazzi. Cosa vuoi, alla mia età... con 'ste solette e 'sti drive way... (7) la schiena non è più quella di una volta.

- Stammi a sentire, lì da Melocco quello che sta con me all'impianto delle betumere (8) sta per andare in pensione. Certo la paga non è quella che prendi adesso ma il lavoro è meno faticoso a inchìri u silu pe' l'impastu... (9) tanto di misto, tanto di sabbia e tanto di cemento, tutto automatico, 'ndai sulu a scacciare i buttuna. (10) Se vuoi ce ne parlo al boss e torniamo a lavorare insieme. Eh... cosa ne pensi? Tanto la casa l'hai quasi pagata, i figli, a parte quel delinquente di Carminuccio, sono sistemati...

- E certo che non sarebbe male... sta a sentire Pasquà, ci penso su e ci parlo con Caterina. Tempo 'na settimana ti dico qualcosa. E grazie.

- E grazie e grazie... e l'amici per chissu 'nci sunnu o no? (11)

(1) che siamo nel duemila

(2) con una vergogna così in casa

(3) il meccanico

(4) la fabbrica di scarpe

(5) che ti intristisci per niente

(6) lascia stare

(7) passo carraio

(8) betoniere

(9) a riempire il silos per l'impasto

(10) devi solo pigiare dei bottoni

(11) e gli amici per questo ci sono o no?

Capitolo 9

16 giugno 1984

Carminuccio è in bagno davanti allo specchio. Con un pettine d'osso mette a posto un ciuffo ribelle. Sembro Fonzie, pensa, e intanto canta:

- Who can it be now?...taratata... who can it be now?...taratata... who can it, who can it, who can it, who can it... uhhhh... uuhhh uhh uhh... (1)

Bussano ripetutamente alla porta:

- Chi è?

Suo padre entra:

- Sono io sono, chi vuoi che sia? Tuo padre, sono.

- Cosa c'è Pa'? Dài che sto uscendo, mi aspettano.

- Lo so, ti aspetta sempre qualcuno...

- Non cominciare per favore.

- No per carità, non ricomincio. A parte al fatto che sarà mezz'ora da quando ti sei chiuso lì dentro, se uno gli scappa un bisogno può anche morire, volevo solo chiederti chi la canta quella canzone... fa così... la la la... it's very hard to say I'm sorry... sai quella lì?

- Sì, la so, la cantano i Chicago, una band americana.

- Te lo chiedo perché ora tu ti stai preparando per uscire, giusto? Bei vestiti, camicia stirata, pantaloni jeans all'ultima moda, giubbotto di pelle nera, scarpe St. Louis da cinquanta dollari e poi...

- Be' allora stai ricominciando?

- E si che ricomincio, cazzo! E poi taglio di capelli perfetto, e brillantina e profumo à gogo..

- Gel, Pa' non brillantina, gel si chiama.

- Va bene gel... sia quello che sia. Ma 'sta roba costa, giusto? Chi la paga? Hai forse una girlfriend milionaria che ti veste da capo a piedi e non lo sapevo?

- No caro genitore, nessuna girfriend milionaria: 'sta roba me la pago io col mio lavoro.

- Lavoro... adesso non esageriamo, ché qui i discorsi da fare sono due.

- Papà scusa, sto uscendo...

- Guarda che se arrivi cinque minuti dopo non muore nessuno.

- Ma Steve è già qui sotto che mi aspetta.

- Il primo punto è il lavoro: a scuola non ne hai mai avuto voglia e va già bene che hai finito Year 12. Alla scuola professionale a insegnarti un mestiere...

- A imparare un mestiere...

- Sì sì cambia discorso... a impararti un mestiere non hai voluto provare. Dicevi che tanto lavoro ce n'è e che saresti andato a guadagnarti da vivere. E va bene! Ma cristodiddio adesso sono passati quasi quattro anni e di mestiere fisso non se ne vede neanche l'ombra.

- Mica pensi male di me?

- No, non penso male di te, però stai sprecando il tuo tempo. In tasca i dollari non ti mancano se no mica potevi vestirti così e pagarti la benzina e l'assicurazione della macchina e uscire quasi tutte le sante sere. Ma Carminuccio, non c'è verso che un lavoro ti dura più di qualche mese. E tutte le volte è la volta buona, ti trovi bene, è quello che hai sempre voluto fare e via cantando. Ma dopo un po' tutto va a rotoli e il futuro...

- Però quando volevo andar a fare il buttafuori nel night di... coso lì, Mennuliti, non hai voluto.

- Gira alla larga da Mennuliti. Preferisco vederti in giro a non fare un cazzo che sul suo libro paga. E poi cos'è un mestiere, il buttafuori?

- Papà, ho ventidue anni, ho tempo per il futuro.

- Io alla tua età portavo già uno stipendio a casa e in Calabria non era mica come qua, che se qualcosa non vi va bene li mandate a quel paese, girate le spalle e ve ne andate. Lì bisognava sbassare la testa e darsi da fare.

- Sì ma erano altri tempi...

- È vero figlio, erano altri tempi, ma il futuro si costruisce da giovani. E poi, a parte quello, tu lavoricchi solo per pagarti lo spasso: i vestiti, u gel, i stivaletti Compagneros...

- Camperos Pà.

- Va bene, Camperos e poi la macchina, il profumo, la discoteca, u cinema per te e a girlfriend, la birra al pub, le sigarette..

- Sigarette? Che sigarette, io non fumo!

- Sta a sentire, non venire a cazziare a me che fumo da una vita e anche se prima di entrare in casa ti mangi una ciccingomma di menta, a mia non mi fessii. (2)

- Ma guarda che...

- E magari pure qualche... sì di quelle con la droga, di sigarette.

- Ma va' io non la fumo quella roba.

- E per fortuna! Ma torniamo al discorso: di tutti 'sti soldi che ti passano per le mani, a tua mamma cosa ci dai?

- Be' ogni tanto...

- Ogni tanto un cazzo, non ci dài mai niente ma allo stesso tempo, a parte il mangiare, per carità un piatto di pasta non si nega a nessuno, e ti lava, e ti stira, e ti tiene pulito dove dormi e specialmente... ed è quello che mi fa incazzare più di tutto, alla notte fino a che non sei tornato non chiude occhio.

- O Pa' non sono mica un delinquente.

- E chi ha detto che sei un delinquente? L'ho detto io? Qui non si tratta di delinquenti, qui si tratta di riconoscenza per una persona che ti dedica la vita. Lo sai che ha un debole per te e te ne approfitti. E io, per non fare turille con lei, sto sempre zitto e faccio finta di non vedere. Ma se eri uomo come vuoi far dimostrare, queste cose non c'era bisogno che te le dico io.

- Va bene, d'ora in poi...

- Ché in casa, grazie a Dio non c'è di bisogno, le tue sorelle sono sistemate e io e tua madre viviamo con poco e ancora lavoriamo. La casa è pagata e abbiamo messo il mutuo per comprare anche l'appartamento a Lidcombe, sai com'è in vecchiaia non si sa mai cosa puoi avere bisogno. Ma questa non è una buona ragione per non contribuire alle spese. Non per i soldi, per il gesto, Carminù, per il gesto. Che poi, lo sai, e chi li tocca: mi permettessi di dire una cosa così, scoppia il finimondo. Tua madre, quello che gli dai, te li mette via.

- Va bene papà, parlo sul serio, d'ora in poi le lascio qualcosa tutte le volte che prendo lo stipendio.

- Ecco bravo: allora sabato, quando prendi la quindicina, ci compri un mazzo di fiori e ce lo porti. Ci dai i fiori, i soldi e ci canti quella canzone, quella che ti chiedevo prima: it's very hard to say I'm sorry!3

- Ma...

- Ciao figlio, divertiti stasera. Tie' qui c'è dieci dollari, beviti una birra alla mia salute. E mi raccomando, testa sulle spalle.

(1) Who can it be now? brano musicale del 1981 interpretato dal gruppo australiano dei Men at Work

(2) a me non mi fai fesso

Andragathos

Capitolo 10

16 giugno 1988

- Mamma se ti dico una cosa mi prometti che non ti metti a piangere?

- Oddio Carmine, cosa hai combinato? Ti sei messo nei guai?

- Be', diciamo, proprio guai come forse li intendi tu, no. Ma sì, comunque...

- Ma non vedi come tremo? E parla disgraziato, cosa è successo?

- Lo sai la mia girlfriend...

- Quale? Ne cambi una tutti i mesi...

- Ma no dài, con questa è un po' di mesi che ci esco, anche se di nascosto.

- Come di nascosto? È mica una donna sposata? Magari con figli? Ti rompo le ossa, io.

- Ma che sposata e sposata. È giovane, ha ventidue anni. Ci esco di nascosto perché i suoi la fanno uscire solo con le sue amiche.

- È italiana, vero? O libanese. E allora? O Madonna santa... e chi è?

- Jennifer, la piccola dei Cantisano.

- Svergognato. Ti proibisco di vederla. O perlomeno se la vuoi frequentare devi andarci in casa. I Cantisano sono una famiglia seria e non voglio che per colpa tua, ci si debba trovare in situazioni imbarazzanti, magari con tuo padre costretto ad avere discussioni antipatiche.

- Oh Ma' ormai... in casa ci devo andare per forza.

Caterina, che le parole smozzicate del figlio avevano portato sull'orlo di un attacco d'ansia, trova un attimo di lucidità che l'aiuta riflettere su quanto ha appena sentito. Quanto basta per intuire l'epilogo del discorso di Carmine. Si meraviglia nel provare quasi un senso di sollievo. Ma il suo sollievo, una specie di liberazione per non aver dovuto apprendere di cose molto più gravi, è però immediatamente cancellato dalla preoccupazione per la gravità dell'accaduto. Quello che è successo e con chi è successo.

- L'hai messa incinta, vero?

- Sì mamma, è di due mesi. L'altro giorno è andata di nascosto con la sua amica dal ginecologo, hanno fatto le analisi e... Madonna, adesso cosa faccio?

- Come cosa fai, delinquente? Te la devi sposare.

E qui Caterina non riesce più a trattenere le lacrime:

- Stasera lo dici a tuo padre e poi, appena possibile ci andate a casa e sistemi la cosa da uomo come dici di essere. Una ragazza di buona famiglia così non ci si possono fare scherzetti. Perde il nome lei e con lei lo perdiamo anche noi, farabutto. Non c'è altra soluzione.

- Mamma guarda che comunque io ci voglio bene a Jennifer.

- È meglio così, allora, ed è meglio per tutti. Ti trovi un lavoro serio e te lo tieni stretto, così mantieni lei e la vostra creatura.

Carmine, aveva deciso di parlarne alla madre per togliersi almeno un po' di dosso la tensione e per trovare il coraggio di affrontare la situazione di petto, come in genere si fa da adulti. Infatti ora, malgrado la perentorietà di quanto sua madre gli ha imposto, sembra risollevato dalle sue parole. Le si avvicina e vincendo una certa resistenza, la abbraccia.

Caterina dal canto suo, aggrappata alle spalle muscolose del figlio, singhiozza ora e pensa a quegli scenari che per un attimo aveva immaginato con terrore, rimasti per fortuna una sua fantasia. Pensa al figlio finalmente adulto a quasi ventisei anni e pensa a se stessa, seduta sul divano del salotto, mentre lavora a maglia per fare babucce e copertine di lana mentre Rocco racconta al nipotino, o forse sarà una nipotina, la sua infanzia in Calabria, dietro alle capre.

Capitolo 11

6 aprile 2015

- Macché dottor Corallo - mi diceva - mi chiami pure Domenico: siamo o non siamo tutti e due figli di italiani? Calabresi per di più.

Sì, Domenico un cazzo!

Sono due giorni che giro in macchina come un pazzo: da Sydney a Wagga, da Wagga a Bathurst e da lì a Newcastle, senza mai fermarmi e dormendo qualche ora qua e là. Quando sento che la stanchezza mi vince, per non rischiare di stamparmi in qualche albero mi fermo in una piazzola di sosta nascosta alla vista, tiro giù lo schienale e se l'ansia me lo permette, mi riposo.

Maledetto me e la mia ingordigia di soldi, l'ingenuità, la superficialità, la curiosità, maledetto il momento che mi sono avvicinato a quella porta, maledetto me che mi sono chinato a guardare dal quel buco della serratura.

Una volta che sei venuto a conoscenza di certi segreti, quando hai visto certe cose, o dimostri di saperle tenere dentro fino alla morte, oppure diventi una preda.

E se ti hanno condannato puoi stare certo che eseguiranno la sentenza: non si dimenticano mai!

L'unica mia speranza è nascondermi. Ho solo bisogno di qualche giorno e, se riesco a farmi proteggere da qualcuno, forse salverò la pelle.

Capitolo 11

Capitolo 12

11 agosto 2011

- Allora vediamo un po' questa bolla. Dunque oggi al Pink Lady ci lasciamo due quarti di bue, due agnelloni, due costine, due spalle e due cosciotti di maiale, dieci chili di salsiccia, tre cassette di polli. Mica male per la settimana.

Carmine ha fatto retromarcia e si è fermato a ridosso della pedana che dà direttamente sul retro delle cucine del club.

Scende dalla cabina, indossa il camice blu e, dopo aver aperto il portellone della cella frigo, si appresta a scaricare.

Ferrigno, il manager, si avvicina con il suo blocco degli ordini in mano:

- Come andiamo Carmine? Hai portato tutto?

- Bene, bene Gianni, grazie e te come va? Sì, sì, c'è tutto.

- Ok allora guarda, un quarto lascialo pure sul bancone ché glielo faccio macellare subito. Il resto mettilo in cella.

In quel momento si apre la porta a spinta delle cucine e Domenico Corallo, il proprietario e direttore del club, fa il suo ingresso nello stanzone già afoso e impregnato degli odori dei cibi in cottura.

Il brusio indistinto, rotto da qualche risata, che caratterizzava il lavorio di cuochi e aiutanti cessa in un attimo.

Corallo, elegante come di consueto, avanza accarezzandosi con una mano la barbetta a punta ben curata. Voltandosi non manca di salutare, quando con un sorriso o un cenno del capo, quando con una pacca sulle spalle, tutti i presenti che gli capitano a tiro.

Giunto nei pressi dell'automezzo delle carni, si rivolge con un tono cordiale a Turano:

- Buongiorno. Lei dev'essere Carmine, Ferrigno ha accennato a lei. Piacere, sono Domenico Corallo, il proprietario del club.

- Piacere mio dottor Corallo - risponde Turano che con un automatismo inconscio, prima di tenderla, si passa la mano sul grembiule per pulirla.

- Macché dottor Corallo, Carmine - replica l'altro stringendogliela - mi chiami pure Domenico.

- È che dottor Cor... Domenico, cosa vuole, anche per rispetto, c'è il suo personale che sente. E poi lei è il capo qui, io sono solo quello che porta la carne.

- Il rispetto, certo: quanto se ne parla oggigiorno - ribatte Domenico con velata ironia. Intendiamoci: io apprezzo questo suo ossequio - chiosa Corallo tra la visibile ammirazione degli astanti.

- Ma mi creda amico mio, all'effimera lusinga di sentire usare un titolo, dottore, professore, avvocato, prima del proprio cognome, la persona saggia deve saper preferire la stima che gli viene dalla somma delle caratteristiche della propria personalità, siano esse innate oppure coltivate con pazienza e dalle decisioni che prende. Lei che ne pensa?

- La seconda che ha detto dottore.

- Essere stimati, caro Carmine, è importante. Ma questo giudizio, questo complimento, diciamo, dev'essere vero però, sincero; deve nascere in maniera autonoma e non deve essere in alcun modo forzato in chi lo prova per qualcun altro né da un'eventuale sudditanza psicologica né tanto meno da qualsiasi necessità. Il rispetto si guadagna sul campo, caro Carmine, con le azioni. E chi porta rispetto lo fa perché riconosce in una persona delle doti che la pongono nella condizione di meritarlo.

- Ehhh... dice bene lei, direttore, ma oggigiorno c'è tanta gentaglia al mondo...

- È vero, ma ci sono anche tante persone per bene. Si guardi attorno: tutta gente onesta, lavoratori, padri di famiglia. Gente che merita la mia considerazione. Come lei d'altra parte. Mi scusi la curiosità Carmine, a che ora si è alzato questa mattina?

- Alle sei e mezza dottore, per essere in ditta un'ora dopo.

- Ecco vede, da qui viene la mia buona opinione. Un uomo che per anni, giorno dopo giorno, estate e inverno, mantiene decorosamente la famiglia facendo dei sacrifici.

- È vero, ma c'è di peggio. Ci sono tanti che non hanno neanche il lavoro.

- Dice bene lei, ma ci sono anche tante persone che non hanno voglia di lavorare. Sa quanti ne vedo io? Ogni giorno. Si siedono in ufficio e la prima cosa che chiedono sa qual'è?

- Quanto guadagneranno, ci scommetto.

- E bravo il mio Carmine, ha vinto! Poi se dai loro una possibilità e li metti in prova, non fanno altro che piantar grane e scansare il lavoro. Invece persone come lei, serie, puntuali, educate, si contano sulle dita di una mano.

- Va be' grazie ma ora mi mette in imbarazzo, dottore.

- E dài con 'sto dottore: Domenico... Domenico mi chiamo. Senta Carmine, oggi devo scappare, ho un appuntamento con il commercialista.

Ma la settimana prossima... che giorno consegna da noi di solito?

- Il giovedì.

- Ecco, non ce la farebbe a ritagliarsi una mezz'ora libera extra nel suo giro? Mi piacerebbe che ci sedessimo e chiacchierassimo un po' più a lungo noi due. Ci prendiamo un caffè e magari salta fuori qualche buona idea. Sa Carmine, è da tempo che mi interesso di lei e ho avuto modo di capire e apprezzare la sua serietà come lavoratore e la sua affabilità come persona. Vedo che va d'accordo con tutti. Per curiosità, lei che studi ha fatto?

- Ehh studio... studiare... a scuola non sono mai stato una cima, per essere onesto. Sono andato a scuola fino a diciotto anni per insistenza di mio padre e ho preso il diploma di scuola superiore, senza infamia e senza lode, come si dice.

- Insomma, non si sminuisca: mica ce l'hanno tutti un diploma. Quindi un titolo di studio ce l'ha. Ma scusi Carmine, con tutto il rispetto per la sua persona e per il suo lavoro, ma lei, con un diploma, non aspirerebbe a qualcosa di più prestigioso dello scaricare carne? Qualcosa che la facesse anche guadagnare meglio?

- Ma sa, dottore, io già di per me stesso... e poi a volte, sa com'è, anche l'occasione...

- Certo capisco. Comunque guardi, tenga, questo è il mio biglietto da visita.

- Ma dottore...

- Lo prenda, lo prenda e lo metta via. La settimana prossima, se riesce a organizzarsi come le ho spiegato, mi telefoni il giorno prima della consegna, diciamo dopo le sette, così mi tengo libero per il giorno dopo e ci facciamo una bella chiacchierata. Va bene?

- Va bene, dott... Domenico, va bene. Allora la chiamo mercoledì sera?

- Sì Carmine. Scappo ora, sono sempre così oberato...

- Buona giornata, dottore e... grazie.

- Buona giornata a lei, Carmine.

Capitolo 13

18 agosto 2011

- Dunque Carmine, innanzitutto grazie per aver trovato il tempo. Immagino che per rimanere qui più a lungo farà tardi questa sera quindi sappia che ho apprezzato.

- Ma ci mancherebbe Domenico, in fondo è solo un'oretta.

- Non le offro alcolici visto che deve guidare, ma che ne dice di un caffè, una bibita?

- Vada per il caffè, grazie.

Corallo pigia un pulsante sulla scrivania e dopo una decina di secondi nell'ufficio entra un suo collaboratore.

- Le presento Giuseppe, è giovane. Si sta facendo le ossa ma è in gamba e promette bene.

- Piacere, Carmine Turano.

- Piacere, Giuseppe Violante

- Giuseppe, ci prepara un caffè? Grazie.

- Subito, dottor Corallo. Macchiato, corretto?

- Per me solito. Lei Carmine? Liscio?

- Liscio va bene, grazie.

Giuseppe esce dalla stanza e Corallo prende a esaminare delle carte che sono sulla scrivania.

Carmine si guarda intorno incuriosito, constatando l'eleganza dell'arredamento: la scrivania di mogano a cui siede Corallo, due poltroncine e un divano rivestito in velluto jacquard color albicocca, per gli ospiti, un tavolino di cristallo su cui sono appoggiate alcune riviste tra le quali si riconoscono copie di Bella Italia, di Sipario e del National Geographic e una libreria di legno massello con parecchie decine di libri ben rilegati. In un angolo, accanto ad un grosso vaso di ceramica dentro il quale prolifera rigoglioso un ficus dalle foglie ampie e lucide, c'è una chaise longue. Dietro una porta si indovina la sala da bagno.

La parete a ovest è costituita da una grande vetrata oscurata che permette di spingere la vista sui campi sportivi che fanno parte del club e, in fondo, sul boschetto di eucalipti che li delimitano. Dalla grande superficie a vetri filtra la luce dorata del tardo pomeriggio che dà luminosità e colore al pavimento di legno lavorato.

Quando dopo il giro di perlustrazione, gli occhi dell'ospite ritornano al punto di partenza, trovano il viso del padrone di casa che lo fissano sorridendo:

- Le piace qui, Carmine?

- È una gran bella sistemazione. E poi, che vista.

Rientra Giuseppe con i caffè e dopo un veloce scambio d'occhiate con Corallo lascia i due soli nello studio.

I due uomini sorseggiano la bevanda calda e aromatica in silenzio.

È Corallo a rompere l'indugio con una domanda che lascia Turano alquanto sorpreso:

- Carmine, le piacerebbe cambiare lavoro?

- Cosa intende dottor Cor... Domenico?

- Intendo proprio quello che ho detto. Vede Carmine, io non parlo mai così, tanto per fare conversazione. Quello che le ho detto alcuni giorni fa, sulla stima che ho per lei, lo penso sul serio.

- Sì ma io...

- Aspetti Carmine, mi faccia finire poi mi dirà cosa ne pensa, d'accordo?

- D'accordo.

- Dunque io le propongo di lasciare la True Blue Meats e venire a lavorare per la Jermanata Enterprises, la finanziaria che detiene il pacchetto di maggioranza del Pink Lady, del club.

- Ma io in cucina non so se...

- Ma quale cucina? Allora non ci capiamo. Senta amico mio, glielo spiego in quattro parole: io ho attività sia qui in Australia sia in Italia, a Milano, che in giro per il mondo. Ho quindi necessità di muovermi spesso e ho bisogno di un gruppo di persone di fiducia che quando io sono via mandino avanti l'attività qui a Sydney. Un gruppo ristretto, Carmine, non più di tre persone. Persone di fiducia. Ferrigno e Violante me li sono portati dalla Calabria, sono imparentati con amici miei carissimi, ci posso mettere la mano sul fuoco. Ora io avrei individuato in lei la terza persona che fa al caso mio.

- Guardi Domenico io non so se...

- Aspetti Carmine, mi lasci finire. Senza offesa, sappia che ho fatto qualche domanda qui e là e tutti mi hanno dato ottime referenze su di lei. Quindi le chiedo di considerare la mia proposta di venire a lavorare con noi. All'inizio non si tratterà che di usare il suo buon senso di padre di famiglia, nessuno "nasce imparato". Ma Ferrigno e Violante, dietro mia direttiva, qualcosa hanno imparato e glielo insegneranno. Loro, cosa vuole, studio ne hanno poco e prima di venire qui non si erano mai mossi dalla Calabria e non hanno quel pizzico di flair britannico che invece lei ha acquisito crescendo qui. Inoltre i miei due collaboratori con l'inglese zoppicano parecchio mentre nel suo caso parliamo di una persona perfettamente bilingue. E poi Turano lei mi ispira fiducia e questo è fondamentale. Insomma, sono convinto che nel giro di sei mesi sarà perfettamente in grado di gestire il suo lavoro al meglio, cioè dirigere l'azienda.

- Dottore, non scherziamo, come sarebbe a dire dirigere?

- Dirigere il club, fare il manager, comandare Carmine, far andare avanti le cose bene, come se la ditta fosse sua.

- Io... io, Domenico lei mi lusinga, la ringrazio ma, ripeto, non credo che potrei...

- Carmine, lei ce la può fare, mi creda. Guardi, apprezzo i suoi dubbi, danno la misura della sua serietà, ma deve fidarsi di me. Ci sarà qualche difficoltà all'inizio ma le ho preventivate ed è per questo motivo che metterò al suo fianco due persone che le daranno la massima collaborazione, glielo garantisco. E poi, per ogni dubbio sul da farsi in situazioni particolari, lei avrà il mio numero privato e in qualunque momento non dovrà fare altro che chiamarmi e chiedere, che diamine. Del resto non la lancio in un'impresa al buio, non si preoccupi. I miei collaboratori, la banca, il commercialista, i fornitori conoscono le linee operative con cui mi muovo quindi lei non dovrà fare altro che mantenerle e attuarle giorno per giorno durante la mia assenza.

- Mi scusi tanto sa, ma io ho dei dubbi. Ho sempre fatto lavori che... insomma sono un blue collar (1) io, non so se sono in grado di prendermi certe responsabilità. Non vorrei deludere le sue aspettative e dopo, per di più, rimanere a spasso.

- Ma ci mancherebbe, Carmine, vedrà andrà tutto come dico io e lei, mi creda, non rimarrà disoccupato. Siamo d'accordo, ci vuole un periodo di apprendistato: ma noi la assisteremo in tutto quello di cui lei avesse bisogno. E poi lo stipendio che percepirà, anche se per il primo periodo non sarà quello che un manager si può aspettare, vedrà che la invoglierà a bruciare le tappe.

- E sentiamo, quale sarebbe il mio salario?

- Be' vediamo, per i primi sei mesi il Pink Lady le garantirebbe un lordo di settemila al mese, più la superannuation (2), più l'auto aziendale tutta spesata. Che gliene pare?

Corallo, attento osservatore, coglie il lampo di bramosia negli occhi di Turano e decide di affondare il colpo:

- Una volta che l'apprendistato sarà terminato, questo salario iniziale sarà adeguato a quello che normalmente il manager di un'azienda come questa percepisce, parliamo di cifre sui centocinquantamila lordi l'anno, più i benefit. Che ne pensa?

- Cosa vuole che le dica, Domenico, certo che uno stipendio così, per un lavoro così gratificante fa gola ma... sì lo so, lei ha detto che mi insegnate e tutto il resto ma comunque...

Corallo lo interrompe:

- Carmine, facciamo così: ci pensi su per bene, ne parli con la sua signora e poi mi darà la sua risposta.

- Quanto tempo mi dà?

- Dunque - replica Corallo sfogliando un'agenda rivestita in marocchino - il 2 settembre devo essere in Italia, in Calabria per la precisione. Incontrerò i dirigenti della Jermanata Enterprises e farò il suo nome. Se, come credo, la mia proposta verrà accettata, al mio ritorno la convocherò nuovamente e formalizzerò la mia offerta di impiego. Quindi se lei nel frattempo avrà risolto i suoi dubbi, direi che a voler fare le cose per bene anche con la True Blue Meats, preavviso, dimissioni e via discorrendo, entro la fine di ottobre, primi di novembre potremmo cominciare. Che ne dice?

- Va bene, dottor Corallo, come dice lei, ne parlerò con mia moglie.

Ottimo consiglio: a volte le donne hanno delle reazioni strane quando i loro mariti decidono di mollare una vita sacrificata - ribatte Carmine con un sorrise complice - e in ogni caso grazie, la ringrazio davvero di cuore dell'opportunità.

(1) - espressione che definisce la classe operaia

(2) - fondo pensionistico private

Capitolo 14

2 settembre 2011

La BMW X 6 procede al minimo e senza fatica sulla striscia di asfalto disseminata di buche, a cui si alterna lo sterrato, che da San Luca sale al Santuario della Madonna della Montagna, a Polsi.

La marcia è spesso rallentata, o addirittura interrotta, da gruppi di devoti che salgono a piedi al santuario, oppure da greggi di pecore e capre guidate da pastori che osservano curiosi l'auto di grossa cilindrata procedere sulla strada sconnessa e polverosa.

Nonostante l'ora, le nove del mattino, la calura è già notevole ma i mandriani non sembrano patirla: indossano giacche e pantaloni di fustagno, gambali al ginocchio e coppole di velluto liso che sollevano leggermente al passaggio dell'auto in segno di deferenza. L'aria calda è pervasa dall'aroma dei lentischi e del mirto che si alterna, quando le greggi si approssimano, al puzzo del bestiame che neanche i potenti filtri dell'impianto ad aria condizionata della 4x4 tedesca riescono a trattenere completamente fuori dall'abitacolo.

Sull'auto, nera e con i finestrini oscurati, ci sono tre persone. Alla guida un giovanotto sui venticinque anni, capelli tagliati a spazzola, maglietta e jeans griffati, Ray Ban scuri e una fondina ascellare da cui fa capolino un'arma automatica.

Sul sedile posteriore siede un signore anziano distinto, elegante e il cui sguardo, seppur benevolo, esprime una tale autorevolezza che solo un temerario, o un imbecille, oserebbe sfidare. Tra le mani, come ogni sovrano che si rispetti, regge lo scettro del comando, un elegante bastone da passeggio con un pomello d'argento raffigurante una testa di levriero.

Al suo fianco è seduto un quarantenne di statura normale, la camicia di lino a coprire l'addome leggermente pronunciato, i baffi e una barbetta a punta che caratterizzano il suo viso dai lineamenti affilati.

- Ahhh Micu... Micu, u parri u dialettu o tu sperdisti? (1)

- Purtroppo no, zi' Nino, faccio fatica a parlarlo. Lo capisco perfettamente, che volete, ci sono cresciuto; ma se si tratta di parlarlo mi sento... mi sento, come dire, impedito - risponde Corallo rivolgendosi al suo interlocutore, Don Antonio Montano, per gli intimi Zi' Nino.

- Non ci faci nenti, Micu, non ti marojari. Basta ca quandu 'ndi 'ncuntramu e 'ndavimu a parrari 'ndi capiscimu (2) - ribatte serio il vecchio mentre scambia uno sguardo significativo con Corallo che, dal canto suo, conferma il suo apprezzamento con un semplice movimento affermativo del capo.

- Vi dicevo zi' Nino...

- Ahh sí, pe' 'sta faccenda du club. (3)

- I soldi della famiglia lì sono ben investiti: abbiamo speso due milioni di dollari per rilevarlo dai cinesi; un altro mezzo milione lo abbiamo speso per rimodernarlo, ci siamo liberati della teppaglia che lo frequentava e lo abbiamo trasformato in un bel ristorante con cucina italiana da trecento posti a sedere. In cucina e ai tavoli ho messo personale italiano, che così ci capiamo al volo; ho fatto venire due pizzaioli napoletani e ho messo su la pizzeria con il forno a legna. Poi abbiamo attrezzato due sale da convegni, tutta tecnologia moderna zi' Nino, una da quaranta l'altra da cento posti, con computer, internet, proiettore, schermo tipo cinema, cuffie per i traduttori e questa, diciamo, sarebbe la torta.

Poi, come ciliegina, abbiamo attrezzato con stile moderno una bella sala giochi con cento pokies, le macchinette mangiasoldi, che danno una bella resa giornaliera. All'inizio eravamo sotto, ma poi il locale ha cominciato a farsi il nome, ché si mangia bene, ché si può giocare tranquilli e non ci sono mai casini, risse e via discutendo...

- A cu 'ndai i ti faci u serviziu? (4)

- C'è Gianni Ferrigno zi' Nino, il figlio di mio compare Bastiano.

- Bastiano Ferrigno? Mi faci piaciri esti 'na persuna degna. (5)

- Insomma, le cose hanno cominciato a girare nel verso giusto. Negli ultimi due mesi c'è stato un saldo attivo, poca roba ancora, ma intanto il segno in banca è cambiato. E questo significa anche meno controlli dell'ufficio tasse e della polizia. E poi comunque abbiamo gente in libro paga sia di uno che dell'altra.

- E allura Micu pecchí mi dicisti ca vo' dassari 'n'attività ca funziuna? (6)

- Non ho detto che voglio lasciare zi' Nino...

Corallo si volta e fissa il suo interlocutore che sorride della precisazione:

- Non ti sfuggi nenti, Micu. (7)

- Col lavoro che faccio, guai! E poi so con chi ho a che fare, anche a voi non sfugge niente.

Corallo tace per qualche secondo. Sul viso di zi' Nino compare un sorriso di soddisfazione, ma subito Corallo lo incalza:

- Vi avevo fatto sapere già a giugno che a una cena ristretta ho conosciuto questo broker indonesiano, Magarti Sutakavarna, giusto?

- Sì, mi ricordu. (8)

- Persona degna, portafoglio di parecchi milioni di dollari e soprattutto entrature finanziarie importanti in tutto il sud-est asiatico.

- Chi ti staci frullandu po' ciriveddu? (9)

- Sutakavarna mi ha assicurato che, attraverso una serie di finanziarie che fanno capo al suo gruppo, potremmo far transitare in Australia cifre importanti, cifre a sei zeri zi' Nino, per poi farle investire dalle banche di laggiù direttamente a Shanghai e a Londra. Naturalmente lui prende la sua percentuale, il venti per cento, e poi ci sarebbe da ungere qualche rotellina a Sydney.

- Ma 'ndi potimu fidari i 'stu cristianu? (10)

- Ho preso le mie informazioni, ho conoscenze nelle famiglie giapponesi della Gold Coast. Loro ci lavorano da anni e sono sempre rimasti soddisfatti. Garantiscono che è un uomo di parola, puntuale e discreto. A Sydney ha una ditta di importazione di marmi e graniti per copertura, ma le lastre che pesano veramente, quelle che valgono sei zeri, non le muovono i marmisti...

I due compari ridono alla battuta, poi è il vecchio a riprendere la conversazione:

- Non mi rispundisti Micu: chi ti passa po' ciriveddu? (11)

- Se ci mettiamo in affari con l'indonesiano, potremmo far transitare fino al cinquanta per cento dell'affare boliviano, pulirli in Australia legalmente e poi investirli in Cina e in Inghilterra.

- 'Azzu, stamu parrandu i quindici, vinti miliuni di euri l'annu, giustu? (12)

- Giusto.

- E chi ci cunsigghi, mi vendimu u club? (13)

- No venderlo no: come ho detto adesso comincia a rendere e poi la proprietà dei muri e la licenza non hanno ancora preso valore rispetto al prezzo d'acquisto. Ma a parte il valore, che a noi ci interessa relativamente, il club serve da copertura per altre cose, per le nostre cose, quindi io escluderei la vendita.

- E allura? (14)

- L'idea sarebbe di mettere uno al posto mio, 'nu carduni (15) che firma le carte che io gli dico di firmare, per fare andare avanti l'attività. Ho già in mente qualcuno. È figlio di calabresi ed è cresciuto là (16). Parla perfettamente l'inglese e l'italiano; non è ignorante ma neanche troppo istruito, è sempliciotto ma scaltro, ha bella presenza, che non guasta, e poi non nuota nell'oro e io gli farei un'offerta tale che lui, se ho capito il personaggio, non se lo sognerebbe neanche di rifiutarla. Io mantengo un ufficio nella palazzina e ogni quindici giorni faccio una scappata per qualche ora, controllo che tutto sia a posto e poi ritorno alla mia attività, quella con l'indonesiano. E poi ci lascio Gianni Ferrigno come manager che se vede che qualcosa va storto, mi avverte subito. Che ve ne pare?

- Esti 'na bbona penzata! Ma dimmi 'na cosa Micu: u vulissi battiari a 'stu cristianu? (17)

- Ma no 'zi Nino. Che volete, è gente cresciuta laggiù, mentalità diversa.

- Puru tu crescisti d'abbasciu... - (18) replica Montano.

- È vero zi' Nino - ammette Corallo - diciamo che la scuola è stata diversa. Voi lo sapete meglio di me, di tanti che sono arrivati in Australia qualcuno era già camorrista, ma la maggior parte se ne andavano perché non avevano i coglioni, e non volevano entrare nella Società. Il padre si è spaccato la schiena tutta la vita in cantiere e avrà cresciuto i figli in un certo modo, avrà magari anche detto certe cose al figlio, cose i cuntrastu (19), mi spiego?

- Raggiuni bell-e-pulitu tu Micu... (20)

- Grazie zi' Nino, non per niente sono vostro figlioccio. Secondo me lui sarebbe la persona giusta. Scemo non è ma sembra un po' legge-rotto, 'na tanticchia (21) ingenuo mi spiego? Fargli certi discorsi non conviene: se ho capito con chi ho da fare rischiamo di spaventarlo. Ma il rischio ancora maggiore sarebbe che magari, solo per vantarsi, apre la bocca con qualcuno e ci tira gli sbirri addosso. È calabrese ma non è come noi, mi spiego?

- Certu ca ti pieghi ma u sai com' ennu certi nostri cumpari, ca non esti battiatu, a famigghia chi ddici, perdimu a facci... (22)

- La mia è solo una proposta, poi se non si arriva a un accordo, non saremo certo noi a creare tensione per una cosa così...

Corallo viene interrotto da una brusca frenata che manda lui e il suo compare a cozzare leggermente contro lo schienale dei sedili anteriori.

Il giovane alla guida tira il freno a mano, bestemmia e fa cenno di aprire lo sportello dell'automobile.

- Chi succedìu, Peppi (23)? - gli chiede seccato l'anziano passeggero.

- 'Nu stortazzu, 'nu giuvanotteddu nescìu i 'sta straticedda cu motori-nu. Mi scusa mister Corallo, ca qua parramo solo il dialetto: quel ragaz-zino co motorinu ci tagliò la strata. Ora scindu e ci do uno schiaffone.

- Ma quale schiaffone e schiaffone, cretino - ribatte zi' Nino - te lo do a tia 'nu schiaffuni e te lo do in italiano, visto ca fai l'aspertu. Stiamo freschi qua se ogni volta che un 'cedduzzu caca tiramu schiaffuni (24) a quest'ora fossimo tutti in galera, imbecille. Chiudi 'sto sporteddu e andiamocene.

L'auto riprende la marcia lentamente:

- Vabbò Micu, capiscia com'ennu i cosi. Dassa parrari a mia, doppu ca mangiammu a crapa e 'mbìppimu u vinu i Scormito (25) - e schiaccia l'occhiolino al suo figlioccio.

Corallo sorride facendo con il capo cenni d'assenso e si lascia andare, imitato da Montano, contro il morbido schienale in pelle del SUV di lusso.

Micu u canguru, come viene soprannominato in Calabria, sorride e volta lo sguardo verso quel paesaggio. Via via che si inoltrano nell'entroterra aspromontano, i colori sotto i suoi occhi da brulli e selvaggi, mangiati dalla salsedine e dall'annosa siccità, si trasformano in boschivi e lussureggianti. Sono luoghi, quelli che scorrono dal finestrino dell'auto, che pur non avendogli dato i natali né averlo visto crescere, hanno comunque, sempre, il potere di rimescolargli il sangue.

La fiducia di Zi' Nino, u Capobastuni, lo lusinga e ciò significa che Montano calerà tutta la sua forza di persuasione, tutto il suo prestigio per fare andare le cose nel modo che lui gli ha appena esposto. Montano non gli farà mancare i suoi suggerimenti e a tempo debito, il suo avallo. Sarà poi lui, quando si tratterà di fare affari, a prendere la decisione più redditizia per la "Mamma".

Montano sorride anche lui, ma per motivi solo apparentemente più futili: sa che malgrado le centinaia di auto e moto che si sono arrampicate e si stanno arrampicando verso il santuario, lui e il suo protetto non dovranno camminare che per pochi metri, perché qualcuno si è già incaricato di tenere un posteggio libero. D'altra parte, in ogni organizzazione che si rispetti, ognuno ha il suo ruolo. Il controllo del territorio, che si manifesta anche con certi piccoli privilegi come il posteggio, è importante tanto quanto muovere decine di milioni di euro tra la Locride e Shanghai.

(1) ah... Domenico, Domenico... lo parli il dialetto o te lo sei dimenticato?

(2) non fa niente Domenico, non ti preoccupare. Basta che quando ci incontriamo e dobbiamo parlare, ci capiamo.

(3) ah... sì per quella faccenda del club...

(4) e chi hai per farti il "servizio"?

(5) ah... Bastiano Ferrigno della Motticella? Mi fa piacere è un bravo ragazzo e suo padre è una persona degna.

(6) e allora Domenico perché mi hai detto che vuoi lasciare un'attività che funziona?

(7) non ti sfugge niente, Domenico

(8) sì, mi ricordo

(9) cosa ti sta frullando per il cervello?

(10) ma ci possiamo fidare di questa persona?

(11) non mi hai risposto Domenico: cosa ti sta frullando per il cervello?

(12) cazzo, stiamo parlando di quindici, venti milioni di euro l'anno, giusto?

(13) e cosa ci consigli, di vendere il club?

(14) e allora?

(15) "carduni" è un dispregiativo per qualcuno che non fa parte dell'organizzazione

(16) Corallo vuole una persona che pur essendo cresciuta in un ambito familiare che per tradizioni e idioma parlato è identico a quello del suo interlocutore, ha acquisito crescendo una mentalità marcatamente anglosassone (n.d.a.)

(17) è una buona idea! Ma dimmi una cosa Domenico: la vorresti "battezzare" questa persona?

(18) anche tu sei cresciuto laggiù...

(19) di contrasto, contrarie ai principi dell'organizzazione

(20) ragioni bene tu, Domenico...

(21) un tantino

(22) certo che ti spieghi, ma lo sai come sono certi nostri compari: non è "battezzato", la famiglia cosa dice, perdiamo la faccia...

(23) cosa è successo Peppe?

(24) un uccelletto caca

(25) d'accordo Domenico, ho capito come stanno le cose. Lascia parlare me dopo che abbiamo mangiato la capra e bevuto il vino di Scormito.

Andragathos

Capitolo 15

7 aprile 2015

- Carmine dove sei?

- Te l'ho detto Jennifer, sono in viaggio per lavoro. Oggi per l'esattezza sono a Griffith. Ho appuntamento con gente del Comune perché vorremmo aprire un nuovo club qui nella Riverina. Ci pensi? Un altro Pink Lady anche da queste parti.

- Carmine, io e te dobbiamo parlare, tu mi stai raccontando delle balle.

Il tono della voce della donna è agitato: molto più di quanto una telefonata di routine tra coniuge presupporrebbe.

- Ma dài amore mio, non ti ho mai raccontato storie. Non mi salti mica fuori con una scenata di gelosia? Non aver paura: ti sono fedele e lo sai.

- No, non ho quel tipo di paura, ma ne ho altre e sono ben più gravi.

Turano è fermo in una piazzola di sosta sulla New England Highway, a ottocento chilometri da dove ha detto alla moglie di trovarsi. A quelle parole, sul suo viso si disegna una maschera di profonda preoccupazione. Spegne il motore e l'autoradio.

- Jennifer, amore, è successo qualcosa?

Il silenzio dall'altro capo del filo è interrotto dai singhiozzi della donna.

- Jennifer, cosa è successo?

- Allora lo vedi che ti aspetti qualche brutta novità?

- No, io non mi aspetto niente, dimmi cosa è successo.

- Stamattina alle cinque mi ha svegliata la sirena dei pompieri. Sono corsa nel giardino perché c'era una forte puzza di bruciato e...

- E dimmi, allora, dài che mi sale un'ansia...

- La macchina, Carmine, hanno bruciato la macchina.

- Come la macchina... come bruciata? Ma i pompieri, la polizia cosa hanno detto?

- E che vuoi che dicevano? Niente hanno detto. Dopo l'accertamento sono venuti a suonare e a confermarmi quello che già sapevo, che la macchina era nostra. Un ammasso puzzolente di acciaio annerito e plastica contorta.

- Ma una traccia, un indizio...

- Niente Carmine, zero! Un'ora fa è arrivato un certo Mulligan, ispettore capo della polizia e ha chiesto di parlarmi. Mi sono meravigliata che vanno in casa della gente a quell'ora, saranno state le otto. L'ho fatto accomodare e mi ha chiesto, o santiddio, mi ha chiesto se poteva farmi un paio di domande.

- E cosa ti ha chiesto?

- Voleva sapere se per caso abbiamo avuto liti con qualcuno ultimamente, magari coi vicini di casa, e io gli ho detto di no.

- Tutto lì?

- No: ha anche chiesto se sapevamo se tu avevi dei nemici, magari qualcosa in relazione con il lavoro.

- E tu?

- Io gli ho detto di no... cioè che non pensavo avessi dei nemici e che se ci fossero stati io non lo sapevo.

- Gli hai risposto a modo, brava.

Il tono della donna cambia improvvisamente e la sua voce già alterata sale di un paio di ottave e diventa un urlo strozzato:

- Come brava, che brava e brava? Carmine, cosa mi nascondi? Cosa mi hai nascosto fino ad ora?

Trascorrono una ventina di secondi di silenzio interrotto dai singhiozzi di Jennifer. Carmine aspetta qualche attimo, prima di incalzare la donna con altre domande

- E poi questo Mulligan se n'è andato?

- Sì, ma quando stava per uscire, mi ha fissata negli occhi e mi ha chiesto se per caso avevo ricevuto qualche telefonata strana. Io gli ho detto di no ma ero in imbarazzo.

- In imbarazzo? E perché?

Jennifer gli risponde quasi timorosamente, ma una certa rabbia repressa mista a paura trapela:

- Perché gli ho mentito e lui se n'è accorto e mi sa che ritornerà alla carica.

- Come hai mentito? Cosa è successo Jennifer?

- Ieri, saranno state le cinque del pomeriggio, ero appena arrivata a casa dal lavoro, m'ero fatta la doccia e stavo prendendo il caffè quando è suonato il telefono. Vado a rispondere e, mio Dio, a momenti svenivo sul pavimento.

- Chi era?

Lei si altera di nuovo:

- E che ne so chi era, per quello ti chiedo. Una voce rauca, di un uomo, sembrava strana, truccata, come se avesse avuto un fazzoletto davanti alla bocca. E aveva un accento italiano.

- E che ti ha detto?

- Mi ha detto, testuali parole, digli a Carmine che se non si fa vivo da solo lo andiamo a cercare noi e quando lo troviamo, perché lo troviamo stai certa, le paga tutte e le paghi anche tu, ecco cosa ha detto. Dove sei Carmine, ho paura.

L'uomo rimane in silenzio per una buona trentina di secondi.

- Carmine, sei lì Cristo, dimmi cosa sta succedendo.

- Ascolta Jennifer, ora non posso spiegarti, è una storia lunga, poi quando la cosa si aggiusta ti racconto tutto per filo e per segno, va bene?

- Ma Carmine...

- Ascolta amore mio, tu ti fidi di me?

- Sì Carmine mi fido ma...

- Allora fai esattamente quello che ti dico: prepara le valigie per stare via un bel po' di tempo.

- Ma perché, santiddio, cosa significa?

- Dammi retta: domani mettiti in ferie, in malattia, quello che vuoi. Anche se ti licenziano fa lo stesso. Prepara i bagagli per stare via un mese, due, tre non lo so e te ne vai, sparisci, hai capito? E senza dire niente a nessuno.

- Ma mio dio Carmine, allora siamo in pericolo?

Lui esita qualche secondo di troppo a risponderle, ma ha bisogno di ponderare bene quello che deve dirle:

- Ascoltami attentamente, non mi interrompere! C'è un'altra cosa che devi fare e devi farla subito: te lo ricordi Nick Ferraro, quel mio vecchio amico, moro, capelli tirati indietro, che quando eravamo più giovani uscivamo in compagnia?

- Ferraro... Ferraro...

- Sì dài, Nicola, il figlio di commare Assunta, che ha sposato Elizabeth, la piccola dei Martinelli? Eravamo sempre insieme ma poi quando è entrato in polizia ci siamo persi di vista?

- Sì, ecco Nicola, sì... vagamente me lo ricordo.

- Gli devi telefonare! Ma non usare il tuo cellulare, vai a una cabina. Lavora alla centrale della New South Wales Police a Goulburn Street, in città. Chiama, di' chi sei e fattelo passare. Raccontagli della macchina e spiegagli che ti ho chiamato e ti ho suggerito io di chiamarlo per avvertirlo che sono nei guai e che lo chiamo più tardi in ufficio. Digli anche di quel Mulligan. Hai capito bene?

- Sì Carmine, ho capito bene.

- Fallo subito. Io lo chiamo più tardi e gli spiego la faccenda. Vedrai che lui ti dice come muoverti. Un'altra cosa importante: guarda in giardino, nella mia baracca, dentro l'armadietto di metallo c'è una piccola cassetta di legno con un lucchetto con la combinazione. La combinazione è 1 9 9 3: aprila, dentro ci sono trentamila dollari in contanti. Prendili e usali per le spese che avrai, prendili e nasconditi dove ti dice Nick, lui poi me lo dice dove sei.

Un urlo erompe dal cellulare:

- Ahh... maledetta me, Carmine, in che guaio ti sei cacciato? Ma come fai a lasciarmi sola così in questa situazione, i ragazzi... come faccio, cosa gli dico? Dove vado?

- Niente gli dici a loro... se chiamano recita la parte, racconta che va tutto bene. Meno sapete è meglio è! Tanto loro sono in Inghilterra a lavorare e io a parte qualche breve accenno alla cosa, non ho mai spiegato a nessuno dove sono esattamente.

- Ma non posso andarmene da mia sorella a Perth, scusa?

- Vai dove ti dice Ferraro, sono stato chiaro? Se quelli ti tengono d'occhio e lo vengono a sapere ci... ci...

- 'Ci' cosa Carmine?

- Si vendicano e credimi, sono come bestie.

- Ma vendicarsi di che cosa?

- Per dirtela con due parole, amore, l'altroieri ho visto qualcosa che non dovevo vedere e adesso che ho capito chi sono quelli veramente è troppo tardi.

- Ma chi sono Carmine? Cosa vuol dire che è troppo tardi? Sono quelli del club vero? Mi sembrava strano a me... troppi soldi...

- Te l'ho appena detto, meno sai e meglio è, credimi. Fai come ti ho detto, giuralo!

Silenzio.

- Jennifer, ti ho chiesto di giurarmelo.

- Va bene Carmine, te lo giuro, faccio così ma tu... io muoio dalla paura - replica lei singhiozzando. Subito dopo però la sua voce assume un tono decisamente aggressivo:

- Ma ti giuro anche che se succede qualcosa ai bambini ti ammazzo con queste mani.

- Tu fai come ti dico e non succede niente a nessuno. Io mi faccio vivo con Nick e lui ti mette al sicuro e ti passa mie notizie, va bene? Ti protegge. E tu mi raccomando, questo numero, dimenticatelo, non esiste più. Anzi guarda ora butto la simcard. Tu non usare più il tuo telefonino così non sei rintracciabile. Ci penserà Nick a farti avere un nuovo numero. E anche ai ragazzi se serve, e a proteggerli.

- Carmine, ti prego...

- Hai capito cosa ho detto?

- Sì, ho capito - risponde la donna con sconforto, il tono della voce sgomento, impaurito - devo parlare con Nick, non devo usare il cellulare e devo andarmene da casa.

- Ecco brava! Dopo che hai parlato con Nick segui le sue indicazioni e da quel momento sei al sicuro. Senti cosa ti dice per Perth. Se dice che va bene vattene da tua sorella.

Poi si addolcisce:

- Amore, fai come ti ho detto ché tutto andrà bene.

- Carmine, aspetta, ma allora...

La comunicazione viene interrotta.

Capitolo 16

4 novembre 2011

Nel giorno e nell'ora in cui in Italia, a Milano, grazie alle domande incalzanti del pm Marcello Tatangelo, venivano ricostruite di fronte alla Corte d'Assise tutte, o quasi, le tappe che portarono alla fine cruenta di una donna - uccisa e poi carbonizzata - che aveva pagato con la vita, due anni prima, la scelta di collaborare con la giustizia e raccontare alcuni degli affari della 'ndrangheta nel capoluogo meneghino, Carmine Turano firmò il contratto che lo legava professionalmente al Pink Lady Club Pty Ltd di Pennant Hills, nel Nuovo Galles del Sud.

Il contratto, un documento di un paio di paginette redatto su carta intestata della ditta, fu sottoscritto dalle parti alla presenza del Justice of the Peace signor Eugene Fredrikson e da questi poi firmato e timbrato con il suo punzone professionale.

Trattandosi di una scrittura privata la presenza del giudice di pace non era legalmente necessaria, ma Corallo aveva convocato Fredrikson per impressionare favorevolmente il suo nuovo dipendente.

Sul contratto comparivano, senza troppi fronzoli, i dati essenziali dell'accordo, i desiderata dell'azienda a cui Turano doveva rispondere e i benefici che in cambio gli sarebbero stati riconosciuti.

Carmine avrebbe gestito con ruolo manageriale il club applicando il proverbiale, vecchio, "principio del buon padre di famiglia" cioè con senno e sano senso comune.

Al nostro veniva accordato un periodo di apprendistato di sei mesi sotto la scrupolosa guida del suo datore di lavoro. Egli avrebbe imparato a coordinare le attività dei suoi due collaboratori, Gianni Ferrigno e Giuseppe Violante, che si sarebbero occupati rispettivamente della gestione del ristorante, del bistrot e della sala da gioco l'uno, dei due bar e delle sale adibite a convegno, l'altro. Avrebbe diretto e controllato l'operato del contabile messo alle sue dipendenze all'interno del club, Francesco Varrapodi, che tra le incombenze aveva anche quella di coadiuvarlo nella sua funzione di capo del personale. Avrebbe tenuto i rapporti con le banche con cui l'azienda lavorava oltre che con il commercialista che si occupava della ditta per la parte tributaria e con il consigliere finanziario per gli investimenti extra-gestionali dell'azienda sempre e tassativamente previa approvazione di Corallo.

Durante questo primo periodo Turano avrebbe scrupolosamente rispettato le direttive a lui impartite ma avrebbe anche fornito un valido e costruttivo apporto in termini di idee e di organizzazione. A lui spettava indicare quelle che avrebbe considerato migliorie nella gestione dell'azienda in generale, della gestione del personale e del contenimento dei costi nello specifico. Il suo spirito di iniziativa era quindi ben accolto e anzi incoraggiato, ma esso necessitava dell'approvazione, almeno verbale ma preferibilmente scritta, del proprietario. Quanto alla cosiddetta visibilità esterna del club, a parte le attività benefiche che restavano di totale competenza di Turano, il coinvolgimento in eventi pubblici e gli eventuali rapporti istituzionali, in special modo con rappresentanti della scena politica, dovevano essere concordati con Corallo, se non da questi direttamente espletati.

Trascorso questo primo lasso di tempo, gli sarebbe stata riconosciuta una più ampia autonomia di gestione. Autonomia che comunque, in ultima istanza, identificava nella figura del suo superiore la persona che l'avrebbe concessa.

Il contratto aveva durata di trenta mesi dalla data dell'apposizione della firma delle parti ed era rinnovabile.

Esso prevedeva un primo trattamento economico di settemila dollari mensili lordi per il periodo del cosiddetto apprendistato, sei mesi, oltre alle assicurazioni contro malattie e infortuni. Era prevista inoltre la contribuzione del datore di lavoro su un fondo pensionistico indicato da Turano stesso e stabilito nel tredici per cento della retribuzione lorda. Erano concessi venticinque giorni lavorativi all'anno di ferie oltre ai dodici che corrispondevano alle feste comandate. Infine, come da legislazione del lavoro, Turano avrebbe goduto del trattamento denominato Long Service Leave, il periodo di congedo retribuito, maturato con l'anzianità di servizio presso la stessa azienda.

Alla voce bonus compariva una berlina giapponese di alta fascia che rimaneva a sua disposizione anche nei fine settimana, le cui spese, incluso il carburante, erano totalmente a carico dell'azienda.

Una volta terminato il suo training con successo e reciproca soddisfazione, a Carmine sarebbe stato riconosciuto un aumento che avrebbe allineato il suo stipendio a quello riconosciuto a livello nazionale a dirigenti del suo stesso livello e avrebbefatto lievitare le sue competenze alla considerevole cifra di 147.000 dollari annui, oltre ai benefici previsti dalla legge e già percepiti dall'inizio.

Alla scadenza dei trenta mesi iniziali e in fase di rinnovo, se i risultati ottenuti da Turano fossero stati all'altezza delle aspettative dell'azienda, la stessa gli avrebbe offerto un contratto questa volta quinquennale, con lo stesso salario iniziale a cui però, con cadenza annuale, sarebbe stato applicato un aumento del dieci per cento esentasse. I bonus sarebbero rimasti invariati.

Come Corallo aveva previsto e aveva poi esposto a Montano un paio di mesi prima, Turano non aveva potuto rifiutare una tale offerta, malgrado la sua decisione avesse creato qualche malumore in casa. Jennifer infatti, non capiva tutta quella munificenza piovuta addosso al marito a cui, in segreto, aldilà dell'onestà, della lealtà e del costante impegno nei confronti della famiglia, non riconosceva particolari doti dirigenziali, così necessarie per ricoprire un tale incarico. Questa sua convinzione le faceva inconsciamente temere qualche futuro risvolto problematico e immaginava scenari ove tracolli traumatici avrebbero minato irrimediabilmente la tranquillità economica della sua famiglia. L'entusiasmo di Carmine però, ben alimentato dalle parole di Corallo, aveva finito per farla cedere e sebbene in cuor suo non completamente tranquillizzata dalle sue rassicurazioni, aveva infine dato il suo benestare.

Capitolo 16

Andragathos

Capitolo 17

27 febbraio 2012

Quel pomeriggio Lou Belmont non era affatto di buon umore. Per quanto cercasse di distrarsi immergendosi nella lettura dei listini che iniziavano a giungere con l'apertura delle borse europee, la sua mente ritornava con insistenza a quanto era accaduto la sera prima. Nei giorni precedenti aveva faticato non poco per convincere Yashila, una ventottenne dall'aspetto esotico e procace, che si occupava di Finanza presso una banca di Hong Kong con uffici a Sydney, a incontrarsi una sera per un aperitivo. Si erano quindi conosciuti per motivi di lavoro e Belmont, già dai primi scambi verbali, aveva ricevuto conferma delle meraviglie che in giro si dicevano riguardo alla competenza professionale della più giovane collega. Tuttavia Lou, che era incapace di concepire insieme bravura e bellezza in un essere di sesso femminile, aveva optato per la seconda e pur essendo un navigato tombeur de femmes, lo aveva colto di sorpresa quella che ai suoi occhi era parsa come la perfetta riuscita, in termini estetici, del connubio tra persone di diversa etnia. Della madre tailandese Yashila aveva ereditato la perfezione dell'ovale del viso, gli occhi verde smeraldo dal taglio orientale, la pelle vellutata e lievemente olivastra. Del padre olandese, la giovane consulente finanziaria portava a spasso i capelli color biondo grano e l'armoniosa imponenza di quel corpo, con i suoi centottanta centimetri di curve perfettamente distribuite. Dal canto suo Belmont poteva sfoggiare il suo fisico da ex marine, che teneva ben allenato frequentando spesso una palestra, oltre ad una notevole capacità di tenere viva e brillante una qualsiasi conversazione. Da ragazzo era finito davanti alla corte marziale per certi suoi eccessi sessuali perpetrati ai danni di giovani irachene durante la famigerata campagna Desert Storm del 2001. In galera aveva studiato ed era riuscito a prendere un baccalaureato in economia, che una volta tornato in libertà, aveva perfezionato con un master in amministrazione aziendale all'Università di Wollongong. Il tutto, sia chiaro, senza eccellere particolarmente. Il suo corso di studi però, era stato sufficiente a stendere un velo pietoso sul suo discutibile passato e a introdurlo nell'ambiente dello stockeraggio downunder.

La donna temeva che Lou, approfittando dell'atmosfera rilassata che si sarebbe creata, avrebbe cercato di estorcerle informazioni professionali. Se questo fosse successo non avrebbe avuto altra alternativa che andarsene e la cosa, considerata la simpatia e, non poteva negarlo a se stessa, una certa attrazione che Lou le avevano ispirate, la infastidiva.

Ma Lou, che aveva ben altro per la testa, era riuscito a convincerla dandole la sua parola che di tutto avrebbero parlato meno che di lavoro.
Per impressionarla favorevolmente aveva prenotato un tavolo al bar dello Shangri-La perché da quell'altezza - erano al trentaseiesimo piano - l'Harbour Bridge e l'Opera House parevano due modellini in scala di uno studio di architettura e lo sguardo poteva spingersi fino ad abbracciare tutta la baia di Sydney e, in lontananza, l'oceano.

Lei era arrivata puntuale all'appuntamento, si erano accomodati e da circa mezz'ora sorseggiavano i loro drink commentando il ribaltone politico che nel pomeriggio aveva visto Julia Gillard sostituire Kevin Rudd alla guida dei laburisti e diventare quindi primo ministro australiano, la prima donna a ricoprire quella carica.

A poca distanza da loro, dopo essersi avvicinato al bar, aver preso posto su uno degli sgabelli adiacenti ad esso e aver ordinato un Pernod, un uomo che Lou conosceva bene aveva preso a occhieggiare verso il loro tavolo e, a tratti, a fare dei cenni col capo nella sua direzione attirandone l'attenzione.

Si trattava di Kaddour Amrane, un ex combattente del FIS algerino che dopo la disfatta dell'organizzazione islamica patita nel 1991 a opera dell'esercito regolare, era fuggito in Australia come rifugiato politico e dopo le varie peripezie burocratiche di rito, aveva finalmente ottenuto la cittadinanza.

Chiunque avrebbe potuto scambiarlo per uno dei tanti uomini d'affari che quella sera erano presenti nel lounge bar, ma nonostante l'uomo ostentasse un aspetto impeccabile e dei modi raffinati, Lou sapeva che Amrane frequentava la criminalità cittadina di matrice mediorientale e traeva le sue risorse bazzicando l'ambiente delle scommesse sui cavalli, quelle clandestine e truccate.

E Lou, per cui in fin dei conti i cavalli - e le scommesse che c'erano dietro - erano più importanti di un qualunque corteggiamento, aveva finito per farsi irretire da quei gesti appena pronunciati che l'algerino gli indirizzava discretamente.

Dopo una decina di minuti infatti, si era scusato con la donna con cui stava amabilmente chiacchierando e indicandole Amrane - che galantemente la salutò accennando un inchino - con la scusa di aver ricevuto importanti informazioni dalla borsa di Londra, chiese il permesso di allontanarsi per qualche minuto e dopo averlo ottenuto si alzò per raggiungerlo.

Yashila, per nulla contrariata dall'imprevisto, aveva osservato i due uomini confabulare per qualche decina di secondi al bar prima di allontanarsi e sparire dalla sua vista.

Belmont aveva ricevuto dal suo informatore quella che lo stesso aveva definito una dritta infallibile: si trattava di un "due anni" che tutti gli addetti ai lavori davano al massimo per piazzato nella due miglia del giorno successivo a Randwick, ma che emissari della cosca che rappresentava avrebbero dopato rendendolo così imbattibile. Si trattava dunque di puntare quanto più possibile sul cavallo.

Lou non era il primo sprovveduto, chiese garanzie sulla "dritta" e quando l'altro fece il nome di uno dei più potenti ras delle scommesse clandestine in circolazione, finalmente si convinse.

I cinquecento dollari convenuti per la soffiata passarono discretamente di mano e l'algerino si eclissò.

A Lou però restava da fare la scommessa vera e propria: si diresse senza indugio verso uno dei telefoni pubblici messi a disposizione dei clienti, digitò un numero e con fare circospetto dettò al suo allibratore di fiducia i termini della puntata.

La conversazione con Amrane che, come detto, aveva faticato a convincerlo e la successiva chiamata avevano preso non più di quindici minuti.

Ma quel "qualche minuto" si era protratto troppo a lungo e Yashila non era donna che avrebbe accettato una tale mancanza di garbo senza reagire. Mentre Lou parlava con l'allibratore, con nonchalance ed eleganza si era alzata e si era allontanata dal bar.

Così Lou, al suo ritorno, aveva trovato il tavolo vuoto.

Alla beffa della sera precedente, per cui poteva solo prendersela con se stesso, qualche ora prima si era aggiunta la fregatura: l'imbattibile due anni si era piazzato terzo sopravanzato da due emeriti sconosciuti. A quel punto, considerando la mancia per l'informazione, Belmont era sotto di cinquemila e cinquecento dollari.

Mentre considerava come si era fatto bellamente fregare ed escogitava il modo di vendicarsi della presa in giro, dopo due leggeri colpetti alla porta, entrò la segretaria e gli annunciò che Turano era in sala d'aspetto e voleva parlargli.

Fu tentato di mandare al diavolo la segretaria insieme a Turano, ma proprio il far mente locale su chi dava lavoro al suo prossimo interlocutore, lo trattenne dal fare un errore di cui in seguito avrebbe potuto pentirsi.

Diede quindi ordine di farlo passare e con un sorriso di circostanza si apprestò a riceverlo.

Turano dal canto suo, non aveva perdite eccessive ai cavalli da rimproverarsi - giocava sempre con giudizio - ma una chiamata inaspettata di Corallo lo aveva indispettito. Con essa il suo capo gli chiedeva di recarsi prima della fine della giornata lavorativa in città: doveva presentare a Belmont il prospetto dei prossimi investimenti, di cui necessitava ricevere informazioni.

Erano già passate le quattro del pomeriggio, doveva ancora discutere con il consulente finanziario, ritornare a casa e prepararsi per quella che doveva essere, dopo molti anni di poca o nulla celebrazione, una ricorrenza che Jennifer, a cui voleva fare una sorpresa, avrebbe ricordato negli anni a venire: la cena per celebrare il loro anniversario di matrimonio, il ventiquattresimo.

Adesso che il nuovo lavoro gli permetteva certe comodità che prima neanche sognava, aveva deciso di stupirla piacevolmente con un invito in un locale alla moda, un posto di cui avrebbe potuto vantarsi con le sue amiche in seguito. Aveva scelto "Pilu at Freshwaters" a Freshwater e prenotato un tavolo con vista oceano per le sette e mezza. Aveva quindi i minuti contati.

Quando Belmont, come di consueto, attaccò la tiritera dei titoli su cui investire, un po' bruscamente lo interruppe:

- Scusa Lou ma più tardi ho da fare e non posso rimanere che il tempo appena necessario. Mi sa che oggi non potremo chiacchierare neanche sui nostri adorati quadrupedi. Ti ho portato la stampa di un prospetto che Corallo mi ha mandato via e-mail. Se gentilmente ci dai un'occhiata e mi fai uno excel, un grafico, quello che ti pare, così domattina lo scansiono e lo mando al mio boss che è a Shangai per lavoro.

Lou naturalmente non aveva battuto ciglio, si era seduto di fronte al computer e in una mezz'ora il documento richiesto da Corallo era pronto.

Carmine si scusò per la premura, bevve in fretta il caffè che la segretaria gli aveva preparato e dopo aver agguantato la manciata di fogli A4 preparati per lui ed averli cacciati nella cartella di pelle, promise al consulente che la settimana seguente si sarebbe fermato più a lungo per farsi consigliare su quali cavalli puntare, salutò e si allontanò velocemente.

* * *

- Ma dài Carmine, dove mi stai portando?

- Fidati, Jennifer, non te ne pentirai.

- Ma scusa, già mi hai fatto mettere in ghingheri che ero tranquilla in vestaglia e infradito sul divano che guardavo Home and away; poi mi hai fatto truccare come la domenica per andare alla funzione, ingioiellarmi e farmi 'na mezza messa in piega, almeno dimmi dove stiamo andando. Abbiamo passato Manly e siamo sulla Pittwater Road, dove vuoi arrivare?

- Calma, calma, ecco ora svolto qui a destra, due minuti e ci siamo.

Turano rallenta, entra nell'ampio piazzale e posteggia. Di fronte a loro, il cottage che ospita il ristorante del noto chef sardo, gli eucalipti che si piegano alla brezza serale e a perdita d'occhio, le onde dell'oceano increspate di spuma.

- Ecco, siamo arrivati: benvenuta da Pilu, uno dei migliori ristoranti italiani d'Australia. È il ventisette febbraio oggi, giusto?

- Amore... ti sei ricordato?

- Certo! Sia chiaro, non è che gli anni scorsi mi dimenticavo, ma quest'anno per la prima volta da quando ci siamo sposati, ti posso invitare in un posto bello come ti meriti.

Un maître apre loro la porta e dopo aver controllato sull'ipad il nome li accompagna e li fa accomodare al loro tavolo. La vista è mozzafiato.

Gli occhi possono spingersi fino all'orizzonte dove nubi leggere color piombo annunciano l'approssimarsi della notte. Il blu sempre piu scuro della vasta distesa d'acqua è interrotto solo qui e là dalle luci di bordo delle carboniere dirette a nord, verso l'approdo di Newcastle.

Più tardi, dopo due superbe portate di pesce e un paio di flûte di ottimo spumante, Carmine estrae dalla tasca della giacca una scatoletta di velluto nero e la porge a Jennifer:

- Per te mia sposa, per tutti i sacrifici che hai fatto, perché sei una brava madre e perché mi sopporti per quello che sono... - e la commozione gli spegne la frase in gola.

A Jennifer si inumidiscono gli occhi:

- Ma Carmine... io questo non me l'aspettavo... - quasi balbetta con voce arrochita dall'emozione.

La donna prende il pacchetto, lo apre e involontariamente rimane a bocca aperta: si tratta di un anello d'oro bianco con una corona filigranata centrale in cui è incastonato un diamante da due carati.

- Mio Dio Carmine, ma sei matto? Grazie amore ma... è troppo!

- Te l'ho detto Jenni, te lo meriti e te lo dico con sincerità.

- Ma Carmine, sei sicuro che ce lo potevamo permettere?

- Non ci badare al costo e voglio che te lo metti, non che lo lasci nel cassetto. È per quello che ho accettato l'offerta di Corallo: ero stufo di fare una vita da bestie e non potermi mai togliere una soddisfazione come questa, non poterti mai portare una sera in giro a fare la signora. Ma ora le cose sono cambiate e se tutto va bene, di serate come questa ne vivremo ancora parecchie, cara, fidati di me.

Il cameriere porta il dessert che hanno ordinato e che viene consumato in silenzio, gli occhi dell'una in quelli dell'altro.

Jennifer chiede un ultimo goccio di brut e dopo averlo sorseggiato con evidente gusto si rivolge con uno sguardo ammiccante al marito:

- Portami a casa Turano: continueremo la nostra conversazione seduti comodi in salotto...

Capitolo 18

19 giugno 2012

Carmine si rigira tra le mani quel pezzo di carta che lo ha lasciato perplesso. Non si tratta del prezzo, che anzi è molto vantaggioso, ma della quantità: cinque bancali di pomodori pelati in scatola. Fatti a mente due rapidi calcoli sono 5 tonnellate di conserva, quasi diecimila lattine.

Va bene che con il costante aumento della clientela del ristorante e con la pizzeria che va a mille il consumo di pelati è notevole, ma qui il rischio è che la merce vada in scadenza e con le autorità australiane su 'ste cose non si scherza: se scadono bisogna buttarle.

Un lieve bussare e Varrapodi, il contabile, entra e va direttamente a sedersi di fronte a Turano. Hanno instaurato un buon rapporto da subito, la simpatia è stata reciproca e immediata.

Varrapodi è uno dei tantissimi figli di quell'Italia che a parole premia la propria eccellenza ma nei fatti permette e a volte auspica che quell'eccellenza si tolga dalle scatole e vada a lavorare all'estero. Così una persona che ha studiato per vent'anni con merito e che si è laureato a forza di sacrifici propri e della famiglia si vede preclusa ogni possibilità di fare carriera. Perché in Italia, per fare carriera, quello che conta è avere una buona raccomandazione. La meritocrazia è un gran bella parola, ma la vera, realistica alternativa per i più è rappresentata da un lavoro precario e mal pagato, quando si riesce a trovarlo. Così, a venticinque anni, tutti i sogni sono già sfumati, tutte le speranze di riuscire sono andate in frantumi e quella prima pietra angolare che permette ad ogni individuo di costruire la sua propria esistenza, l'indipendenza economica, rimane una chimera. Senza sbocchi, senza futuro, costretti a gravare sulle spalle di genitori già stanchi di una vita di lavoro. Padri e madri che a loro volta si dibattono tra vaghi sensi di colpa per aver lasciato ai loro figli un'eredità fatta di poche certezze e quell'impalpabile e inevitabile individualismo che l'approssimarsi della vecchiaia produce in loro.

C'è chi, tra i giovani, si lascia andare, si accontenta, si aggiusta con la televendita o con il contrattino a progetto. Ma altri, tanti altri, per ribellione, per disperazione, per ambizione, per coraggio innato e per spirito di avventura oppure per la somma di tutti questi fattori, parte e va a cercare lavoro e dignità altrove.

Francesco si è laureato con lode a Catania in Economia e Commercio nel 2009 e una volta ritornato a casa, in provincia di Cosenza, ad attenderlo c'erano la disoccupazione o l'affiliamento ad una delle cosche cittadine.

Ha fatto domande ovunque, compilato moduli, studiato come un pazzo per notti e notti, affrontato commissioni ma il massimo che ha ottenuto è stato vedere il suo nome inserito in qualche graduatoria, con la remota prospettiva di ottenere un impiego nel settore pubblico: anni e anni di attesa. Ha anche iniziato il praticantato presso uno studio cittadino: i due anni canonici, l'esame per ottenere l'iscrizione all'Albo dei Commercialisti, il proprio studio, pensava. Ma dopo qualche mese passato a ingoiare umiliazioni a cinquecento euro al mese non ce l'ha più fatta, ha ceduto e ha deciso di andarsene. Andarsene dallo studio, da Cosenza, dall'Italia, da quella schifezza che sarebbe diventata la sua vita se fosse rimasto lì. Ha passato un anno a risparmiare ogni singolo euro guadagnato tra Taormina, dov'era l'animatore in un villaggio turistico e Cortina, dove faceva il portiere di notte in un albergo, ha ottenuto il visto da studente iscrivendosi a un Master a Sydney ed è partito per l'Australia con la ferma intenzione di rimanerci.

Corallo lo ha conosciuto nel 2011, per caso a un party dove Varrapodi faceva il cameriere: la città è cara, bisogna pur mangiare e pagare l'affitto della camera in coabitazione. Ne ha ascoltato lo sfogo "da calabrese a calabrese" e avendone intuito le potenzialità, gli ha offerto la sponsorizzazione e il lavoro, per adesso e fino al conseguimento del Master solo venti ore alla settimana, come contabile del club. Intanto il giovane cosentino si è portato avanti con le incombenze burocratiche e ha fatto domanda all'Immigrazizone per la residenza temporanea, preludio a quella permanente e all'agognata cittadinanza.

- Tre a uno, caro, se la squadra gira, non ce n'è per nessuno -esclama il giovane.

Si riferisce al Melbourne Victory, la squadra di calcio di cui si dice tifoso. In realtà il suo cuore batte per il Rende, ma a così tanti chilometri di distanza e con i campionati italiani oramai terminati, ci si aggrappa a qualunque cosa.

- Seeee... tre a uno perché avete pagato l'arbitro - gli fa eco Carmine divertito dall'entusiasmo del giovane collaboratore.

- Ma che pagato e pagato: il primo goal è stato un capolavoro di balistica, il rigore era netto e...

- Vabbé Francé ascolta, scusa ma di pallone parliamo dopo, a pranzo. Ti ho chiamato perché 'sta fattura di pomodori non mi sconquiffera: che significa che abbiamo in magazzino cinque bancali di lattine di pelati.

- Significa che li abbiamo comprati e adesso bisogna pagarli.

- Grazie al cazzo... scusami, ma sono un po' arrabbiato! Ma dico, ci rendiamo conto che 'sta roba rischia di andare a male e ne buttiamo la metà?

- E lo dici a me, scusa Carmine: io tengo la contabilità, mica mi occupo della dispensa. Io faccio quello che mi dicono.

- Intanto io la firma non ce l'ho ancora messa, quindi bonifici per ora non ne fai.

- Ma Carmine, Ferrigno ha detto...

- Ah ecco, Ferrigno! Ferrigno rende conto a me: ti ha detto lui di pagare?

- Sì, mi ha detto di pagare subito visto che il prezzo era molto buono.

- Va bene, sentiamo cos'ha da dire Ferrigno allora.

Contrariato Turano digita il numero interno, attende per una decina di secondi ma non ottiene risposta.

- Sarà giù in cucina a controllare: andiamo.

- Devo venire anch'io?

- Sì, devi venire anche tu per confermarmi davanti a lui che ti ha dato ordine di pagare la fattura. Dai muoviti che poi ci fumiamo una sigaretta fuori.

Carmine considera con un certo coinvolgimento i timori reverenziali del giovane contabile: la sua permanenza legata alla sponsorizzazione, il lavoro ancora a tempo determinato, i pochi soldi, l'insicurezza. Francesco, tra l'altro, timido di natura, non ha né la tempra né il fisico del lottatore, magro com'è, sessanta chili scarsi per un metro e settanta di statura.

Scese le due rampe di scale che portano al piano strada, entrano in cucina e subito sono avvolti da quel vapore fragrante che caratterizza l'ambiente. Ferrigno è all'estremità opposta dello stanzone, vicino al portellone posteriore dello scarico merci che sta controllando una consegna.

Turano si avvia in quella direzione e si ferma a un passo da Ferrigno:

- Gianni avrei da parlarti un attimo. Per favore chiama il sous chef per controllare lo scarico.

Ferrigno lo osserva con una certa contrarietà ma chiama l'aiutante a sostituirlo e si avvia con Turano e Varrapodi verso il suo ufficio.

Una volta fatti accomodare il boss e il contabile, si accende una sigaretta e con fare deciso si rivolge a Turano:

- Cos'è tutta questa urgenza?

Carmine e Gianni hanno instaurato uno di quei rapporti che si basano essenzialmente su quel minimo di cordialità e di rispetto reciproco indispensabili quando si lavora per la stessa azienda e si hanno frequenti occasioni di confronto.

Turano dal canto suo ha fin dall'inizio cercato di instaurare un rapporto amichevole, come peraltro auspicato dal presidente Corallo, ma Ferrigno ha sempre eluso i suoi tentativi di fraternizzare e si è sempre tenuto sulle sue, evitando di farsi coinvolgere in discorsi che non fossero esclusivamente inerenti al lavoro.

- Ora ti dico cos'è l'urgenza. Intanto però spegni la sigaretta. Qui tutti i fumatori, incluso il sottoscritto, escono per fumarsi la sigaretta: te l'ho già detto parecchie volte, il fumo va nel circuito dell'aria condizionata e porta la puzza dappertutto.

Ferrigno lo guarda decisamente contrariato adesso, ma spiaccica la sigaretta nel posacenere.

- Allora?

- No, allora lo dico io - rintuzza Carmine - cosa sono 'ste cinque tonnellate di pelati, che hai comprato e hai dato ordine di pagare senza dirmi niente.

Sul volto di Ferrigno compare un sorriso stirato mentre osserva Turano come un gatto osserverebbe un topo senza via di fuga.

- Francesco lasciaci soli un momento, per favore - intima al contabile.

Varrapodi non se lo fa ripetere due volte e prima che Turano possa obiettare si alza ed esce dalla stanza.

- Mi ha detto Francesco che tu hai dato ordine di pagare quel carico di pomodori. Pensavo che fosse inteso che sono io a dare mandati di pagamento in questo club. Ma a parte questo particolare, che poi discuterò direttamente con Corallo, cosa te ne fai di diecimila lattine di pelati? Ma ti rendi conto che per via della scadenza rischiamo di buttarne via la metà?

Ferrigno assume una posizione rilassata appoggiandosi allo schienale della poltroncina: ha ormai ripreso il controllo della situazione e osserva Carmine con un'espressione di scherno misto alla curiosità di sapere dove Turano intenda andare a parare.

- Primo: intanto non buttiamo via niente perché domani, massimo venerdì vengono a ritirarne quattro bancali che sono già stati rivenduti. Secondo, fai bene a parlarne con Corallo: diglielo che Ferrigno fa di testa sua e non rispetta la gerarchia qui dentro. Così verrai a sapere direttamente dalla sua voce che di ordinare i cinque bancali se n'è occupato personalmente, che ne ha rivenduti quattro a un suo amico grossista di Melbourne e che proprio lui, mi ha detto di dare mandato a Francesco di pagare. E ora, se non ti dispiace e non hai altri cazziatoni da farmi, avrei da fare con la provvista delle carni e con la cantina per i vini.

Capitolo 18

Capitolo 19

21 luglio 2013

- Mi raccomando Carmine, dev'essere tutto perfetto, tra mezz'ora iniziano ad arrivare.

- Non ti preoccupare Domenico, è tutto a posto, me ne sono occupato io personalmente. Ho fatto preparare la saletta Rialto, quella interna, senza finestre e senza telecamere. L'aria condizionata è regolata a 25 gradi, ché fuori fa frescolino stasera. Ho fatto togliere tutte le sedie e ho fatto portare un tavolo grande rotondo con il panno verde e sette poltroncine imbottite.

- Sul tavolo ci sono le carte da gioco, le fiches da poker, sette blocchetti per appunti e altrettante penne. Controllate tutte, scrivono perfettamente. In un angolo ho fatto preparare un tavolo con i piatti, i bicchieri, i tovaglioli di lino e le posate. La tovaglia è bianca, immacolata. Su un altro tavolo c'è tutto il ben di Dio che hai chiesto tu.

Carmine si riferisce alla lista dettagliata di cibi che Corallo gli ha dato qualche giorno prima, che include i formaggi e i salumi calabresi, gli ortaggi sott'olio e i sottaceti, le olive, le acciughe, il cesto per il pane casareccio, un vassoio di roast-beef cucinato da Benito lo chef del club, e poi un grande paniere con frutta di stagione, le noci e i fichi secchi.

Corallo era stato puntiglioso anche per ciò che riguardava le bevande: dalla birra ai vini rossi e bianchi, dallo champagne, un cru del 2008, ai liquori, la sambuca, un cognac francese, un rhum giamaicano, del bourbon americano e un doppio malto scozzese di dodici anni, la scelta rappresentava niente meno che l'eccellenza.

- Siccome hai detto che non vuoi camerieri, i cibi sono già sistemati in vaschette di porcellana. Ho detto a Gianni che vuoi che rimanga fino a che tu non gli dai il via libera. Caso mai lui può servirvi, se lo desiderate - puntualizza Turano con un filo di sarcasmo nella voce.

- Bene, per la saletta direi che siamo a posto - replica con un sorriso beffardo Corallo cogliendo il sottinteso nella voce del collaboratore -e per gli ospiti, come siamo sistemati?

- Mi hai detto che arriveranno con mezzi loro ma per ogni evenienza ho preso a noleggio un pulmino da dodici posti con autista che li porterà in albergo quando avrete sbrigato qui. Con il vostro comodo tanto l'autista sta qui anche tutta la notte se serve. Per dormire ho preso quattro King Deluxe al Four Season. Ho combinato anche con un'agenzia di escort, che però si faranno vive solo se il cliente lo desidera. Il portiere di notte, a cui ho già allungato la mancia, passerà con discrezione, insieme alla chiave magnetica della camera, un opuscoletto dell'agenzia. Se i tuoi ospiti vorranno compagnia, non devono fare altro che chiamarlo e lui si incaricherà di fare arrivare la ragazza scelta.

- Bravo Carmine, mi sembra che hai pensato a tutto, ottimo lavoro. Allora per le otto, otto e mezza saranno arrivati tutti. Io sono a Rushcutter Bay, c'è un po' di traffico ma dovrei fare in tempo. Se arriva qualcuno prima di me falli accomodare nella saletta, sai com'è, ci tengo a farli sentire accolti in maniera consona al loro prestigio: se non sono io a dare il benvenuto, come direttore devi essere tu, mi spiego? Poi, quando arrivo io, te ne puoi andare a casa a riposarti, te lo sei meritato.

- Va bene Domenico, ti aspetto.

Turano ritorna sulla conversazione telefonica appena avuta con il suo boss ed è certo che a giudicare dai preparativi che egli riserva loro, si tratta sicuramente di ospiti importanti. Li incontra due o tre volte l'anno, per delle riunioni che definisce "degli imprenditori calabresi in Australia".

Imprenditori di successo, certo, ma anche presidenti di associazioni regionali, mecenati delle arti, campioni di beneficenza, finanziatori di uno dei due partiti politici che vanno per la maggiore, non importa quale, dipende da chi è al governo.

- Chi sa di cosa parlano, mentre si spennano migliaia di dollari giocando a poker - si chiede Turano accendendo una sigaretta.

Carmine sa che tra gli ospiti c'è chi importa prodotti alimentari italiani, alcuni si occupano di edilizia, altri mandano avanti grosse aziende agricole, altri ancora sono grossisti ai mercati generali, c'è chi ha una catena di negozi di ceramiche o di arredamenti oppure ha investito in aziende minerarie.

- Gente abituata a comandare - considera Turano - ma secondo me Domenico dev'essere il presidente, quello che coordina tutto. Si vede dal rispetto, da come si rivolgono a lui.

Egli è infatti al corrente che loro, gli ospiti, si muovono solo qui in Australia mentre il suo capo è sempre in giro di qua e di là, in Italia, a Londra, in Cina. Non è che parli molto dei suoi affari, accenna a investimenti, borsa, finanza ma qualunque cosa sia, si capisce che chi fa girare più dollari dev'essere lui.

- Vabbé dai, sono quasi le otto - afferma dando un'occhiata al suo costoso Longines - fammi scendere all'ingresso che adesso staranno per arrivare, così una volta fatti accomodare tutti me ne vado a casa: la giornata si è fatta lunga oggi.

Riannoda la cravatta davanti allo specchio del suo bagno privato, riaggiusta i capelli all'indietro e si avvia alla reception.

È lì da un paio di minuti quando una berlina nera della Blacklane entra nel piazzale antistante e si avvicina lentamente alla tettoia tipo pagoda che sovrasta l'ingresso, sotto cui si ferma. L'autista scende e apre la portiera posteriore: dall'auto scende un uomo sui quaranta che Turano ha conosciuto in precedenza proprio a una delle riunioni lì al club, Peter Cavalleri. L'uomo indossa un completo griffato e un cappotto di lana a disegno spigato con collo di pelliccia. Due occhi neri mobilissimi dietro gli occhiali da vista su cui le due C di Cartier in oro brillano alla luce artificiale, Cavalleri porta i capelli brizzolati e riccioli a sfiorare il colletto inamidato della camicia bianca e aperta sul petto villoso. Al collo gli pende una catena d'oro a cui è appeso un crocefisso dello stesso metallo, impreziosito da un rubino da due carati incastonato all'intersezione dei due bracci.

Turano gli si fa incontro e gli tende la mano:

- Benvenuto signor Cavalleri, spero abbia fatto buon viaggio?

- Solo un po' di turbolenza sopra Adelaide ma lo sappiamo no? Ad Adelaide, sempre turbolenze ci sono, non è vero?

Cavalleri scoppia in una risata, imitato da Turano che non desidera altro che compiacerlo, anche se non è sicuro di aver colto il sottinteso.

- E lei come va Carmine, tutto bene? La famiglia, i ragazzi?

- Tutto a posto, grazie. Mia moglie sta bene, i ragazzi all'università. Il suo interesse mi lusinga, grazie.

- Ma ci mancherebbe Carmine, e che diamine, siamo tra paesani no?

Per Carmine, quell'aggettivo è un po' una forzatura. Sì, è vero che sia lui che Cavalleri sono nati in un paesino della Jonica calabrese e quindi hanno un retroterra comune. Ma in un modo che non saprebbe neanche ben definire - a livello inconscio, probabilmente -sente che sono cresciuti in ambienti completamente diversi e questo, aldilà delle comuni radici geografiche, li rende caratterialmente due estranei. È qualcosa di simile a quello che prova per il suo datore di lavoro: c'è sì ammirazione per l'uomo arrivato che si è fatto da sé - Cavalleri è a capo di una delle più grosse ditte di costruzioni del Western Australia con sede a Perth - ma allo stesso tempo c'è una sorta di inspiegabile e ingiustificata repulsione per quei modi che trova forzatamente artefatti, quasi a voler mimetizzare con essi qualcosa di non altrettanto presentabile.

Il tempo di qualche altro breve scambio di convenevoli, mentre l'ospite viene fatto accomodare nel salottino privato approntato per l'occasione, e Carmine ritorna alla reception proprio nel momento in cui giunge un'altra berlina.

A scendere dall'auto di lusso è quello che Carmine reputa il più simpatico tra gli ospiti di Corallo, don Giuseppe Persicara. Il "don" gli viene attribuito per la veneranda età, settanta primavere abbondanti, che però viene portata con una freschezza che né la ragnatela di rughe che costellano il viso, né il leggero claudicare -peraltro attenuato da un bastone da passeggio - riescono a sminuire. Anche lui è vestito elegantemente ma il colletto della sua camicia è ben chiuso dal nodo perfetto della cravatta, il collo è avvolto in una sciarpa cachmire morbida e calda e sul capo porta uno Stetson nero di feltro perfettamente modellato. Persicara gli si rivolge in dialetto calabrese:

- Chi si dici campiuni? Comu simu? (1)

- Non ci possiamo lamentare, don Pepè. E voi? Che si dice a Griffith?

- Sugnu bbonu figghiu, grazie, ma l'anni si fannu sentiri... (2)

- Se non fosse che l'altra volta mi avete detto la vostra età, ve ne darei dieci di meno.

- Sì, sì... ta 'mparau bbona a leziuni Micu Corallo - ribatte ridendo l'anziano ospite - ma trasìmu ca faci frischiceddu. (3)

Turano accompagna nel salotto il vecchio patriarca, capostipite di una famiglia proprietaria di un'azienda agricola di migliaia di ettari, di cui è tutt'ora titolare, che produce ortaggi e frutta per tutti i mercati australiani; poi si accomiata tra gli scambi di saluti, abbracci e baci sulle guance, dei primi due arrivati.

Ritornato all'entrata vede contemporaneamente una terza berlina nera fare ingresso nel piazzale e, con la coda dell'occhio, Domenico che sta posteggiando la sua berlina nello spazio a lui riservato.

Corallo lo affianca proprio mentre dalla giapponese d'alta fascia fa capolino il terzo ospite invitato al summit d'affari, Saverio Jemma. Nato e cresciuto a Melbourne, Jemma ha fatto studi in legge laureandosi alla La Trobe University in Diritto Penale ma poi gli affari della famiglia - sono importatori all'ingrosso di prodotti alimentari e titolari di una catena di supermercati - lo hanno assorbito distogliendolo definitivamente dalla carriera.

- Benvenuto Sam - lo accoglie Corallo con una stretta di mano e due baci sulle guance - come te la passi? Fatto buon viaggio?

Di altezza appena sopra la media, leggermente ingobbito, i capelli radi ingrigiti prima del tempo e un paio di occhiali molto spessi, da grave miopia, Jemma dà l'idea del classico topo di biblioteca, il secchione che a scuola tutti prendevano in giro. Anche lui indossa un ottimo abito di sartoria il cui effetto finale, però, è sciupato da un fisico emaciato, quasi scheletrico e da un colorito del viso tendente all'itterico.

Dopo averlo salutato, Domenico si volge verso il suo collaboratore e lo indica al nuovo arrivato:

- Conosci Turano, il general manager del club?

- Sì certo, ci siamo incontrati la volta scorsa. Come va Turano?

- Tutto bene avvocato Jemma, grazie. Da questa parte, prego, si accomodi.

Quando ritorna, Corallo lo attende con una novità:

- Carmine a questa riunione ci sarà anche un ospite che ancora non conosci, un indonesiano. Si chiama Sutakavarna. Lo abbiamo invitato perché tutti noi vorremmo allargarci anche nel sudest asiatico e lui ha agganci in Indonesia, in Tailandia, in Vietnam, dappertutto.

- Va bene Domenico, ma l'albergo... non sapevo... indicazioni particolari?

- Non ti preoccupare, ha casa a Sydney, niente albergo e per la compagnia, come l'hai chiamata prima, sono certo che sa dove rivolgersi nel caso si sentisse solo. Grazie per l'ottimo lavoro Carmine. Mancano Sutakavarna e il cowboy di Adelaide... - e Corallo scoppia a ridere - ma l'indonesiano arriverà verso le nove, lo accolgo io e lo presento agli altri. Appena hai fatto accomodare l'altro, puoi pure andare.

Il tempo di dare e ricevere le ultime istruzioni e una Maserati Levante color blu cobalto e con i vetri oscurati fa il suo ingresso baldanzoso nel piazzale e va ad affiancarsi all'auto del presidente.

Domenico si volta a guardare Carmine con un'espressione divertita in viso e scoppia infine in una schietta risata alla vista del conducente che baldanzoso come la sua auto, salta giù dall'abitacolo e a grandi falcate si avvicina ai due che lo stanno aspettando:

- Ehi Micu... ehi Carminuccio... come va ragazzacci?

- Te l'ho detto che è un cowboy, non cambierà mai - sussurra Domenico sorridendo prima di venire travolto dalla vitalità genuina ma un tantino dirompente di Antonio Crescenzise. L'allevatore di bestiame quarantenne di Berri in Sud Australia con uffici commerciali ad Adelaide, dove vive impegnandosi a sperperare le entrate milionarie che gli procura la vendita di ovini vivi ai paesi musulmani, lo avviluppa in un abbraccio energico mentre con la mano destra accenna a un "cinque" nei riguardi di Carmine e contemporaneamente si informa di come vanno le cose in quel "cesso" che è diventata Sydney.

Il suo abbigliamento, tutt'altro che conforme a quello degli altri ospiti, rispecchia in pieno il soprannome affibbiatogli da Corallo: un mandriano al passo coi tempi, vestito con abiti di gran marca countrystyle, inclusi un paio di stivali da duemila dollari lucidati a specchio e l'imprescindibile giaccone di pelle rivoltata.

Dopo i calorosi convenevoli, anche Crescenzise viene introdotto nel salotto, dove viene accolto da Persicara e Cavalleri con vigorose pacche sulle spalle, mentre Jemma si limita a uno sguardo che sfiora il disgusto e a una stretta di mano appena accennata.

Carmine passa a salutare Corallo e si avvia alla sua auto pregustando la serata di festeggiamenti che lo aspetta a casa e i piatti deliziosi che Jennifer ha sicuramente preparato per l'occasione.

(1) Che si dice campione? Come stiamo?

(2) Sto bene figlio, grazie, ma gli anni si fanno sentire.

(3) Sì, sì... te l'ha insegnata bene la parte, Domenico Corallo, ma entriamo che fa freddo.

Andragathos

Capitolo 20

22 luglio 2013

È andata a finire che hanno fatto l'amore e non capita spesso, non quanto l'attrazione che lui prova per la moglie gli suggerirebbe, in ogni caso. La casa era piena di gente, amiche e amici dei loro figli, Carmine li ha apostrofati gioventù bruciata. Erano stati invitati per la festa di commiato per Rebecca e Tommaso che la settimana prossima andranno in Inghilterra per lavorare, perché lì, lo sanno tutti, si guadagna molto meglio che in Australia, lavorando nel ramo finanza.

Hanno preso tutti e due quel tipo di studi, chissà una sorta di competizione fraterna, e Rebecca, a cui l'idea di andare a lavorare a Londra era venuta per prima, sembrava aver accettato in cuor suo quella che era stata una richiesta, ma non una imposizione, espressa dai suoi genitori: andare sì, ma in compagnia del fratello Tommaso. Dopo il master ha lavorato in banca mentre aspettava che Tommaso, più giovane di due anni, completasse anche lui i suoi studi. Ma ora, dopo aver firmato un buon contratto con un istituto australiano con uffici in Inghilterra, è arrivato il loro momento di fare la loro strada.

Un bel gruppo di amici dunque, tutti entusiasti per la cucina di Jennifer, che è un'ottima cuoca e adora cucinare per loro le ricette italiane tramandategli dall'insegnamento della madre.

Ieri sera, dopo gli antipasti assortiti, le lasagne accompagnate da un ottimo rosso importato dalla Toscana e il tiramisù come dessert vivacizzato dalle bollicine dello spumante brut portato in tavola, i ragazzi hanno deciso di andare a finire la serata in una sala da ballo e poi andare a dormire a casa di Jack, loro amico da sempre. Hanno chiamato un taxi e nel giro di qualche minuto quell'allegro chiacchiericcio è svanito lasciando la casa in un pacifico silenzio.

Sarà stato quel bicchiere di vino in più bevuto in compagnia, fatto sta che Carmine ha provato un certo rimescolio e velatamente lo ha manifestato. Visto che però sua moglie non pareva dare per intese le sue timide allusioni a quella certa possibilità, Carmine ha ideato un piano d'azione. Prima ha preparato due sambuchine con il ghiaccio e le ha servite in salotto con dei biscotti all'anice; poi, quando la puntata della serie televisiva che lei stava guardando è finita, prima che lei annunciasse che si ritirava per coricarsi, ha proposto un film. Jennifer, un po' a malincuore, ha comunque accettato per accontentarlo e qui lui ha calato l'asso di briscola, inserendo nel lettore DVD il disco di Ultimo tango a Parigi di Bertolucci.

Durante la proiezione lui ha timidamente fatto qualche approccio che però lei, malgrado il suo viso esprimesse una certa lusinga, ha rispedito al mittente. Poi però, durante una delle scene più audaci, inaspettatamente si è voltata e lo ha baciato.

Il film è terminato senza nessuno che assistesse al controverso finale ed è ancora inserito nel lettore.

- Lo devo levare ché non lo trovino i ragazzi - pensa Carmine con un ghigno soddisfatto mentre si stiracchia dopo una notte di ottimo riposo - sai che prese in giro altrimenti.

Sono solo le sei e un quarto ma malgrado il suo lavoro ora gli consenta di prendersela con un certo comodo rispetto al passato, la vecchia abitudine ad alzarsi presto è rimasta.

Entra in cucina e con poche, precise mosse carica la moka da sei e la mette sul fornello acceso. Intanto ha messo nel tazzone due cucchiaini di zucchero e appena le prime gocce di caffè eruttano nel raccoglitore, le versa sul granulato cristallino e con un cucchiaino prende a miscelare velocemente fino a che non ottiene una crema densa. A quel punto, dopo averlo miscitato, come direbbe suo padre Rocco, versa nella tazza la metà del contenuto della moka e si siede a una estremità del tavolo pregustando il gusto della bevanda calda e aromatica.

In quel preciso istante il cellulare inizia a vibrare. Carmine dirige automaticamente lo sguardo in direzione dell'orologio a muro: sono le sei e trenta.

- Ma chi sarà... a quest'ora - esclama a mezza voce per non svegliare Jennifer.

Proprio per non disturbare sua moglie e poi perché quando i figli sono fuori casa, si sa, si è sempre un po' in apprensione, dà un'occhiata al piccolo schermo e constatato che è il suo datore di lavoro che lo chiama, risponde alla chiamata.

- Domenico buongiorno, che succede?

- Buongiorno caro e scusa se ti chiamo all'alba.

- No, figurati, ero già sveglio, infatti ho risposto subito. Dimmi.

- Ti disturbo perché c'è stato un imprevisto e devo partire con urgenza; devo andare a Bangalore, starò via un paio di settimane perché se tutto va bene riusciamo ad acquisire una fabbrica di computer che stiamo trattando lì. Volevo consigliarti durante la mia assenza di fare solo ordinaria amministrazione. Voglio dire depositi, pagamenti, fatture ma niente rifinanziamenti degli assets e soprattutto nessun incontro con Belmont.

- Speriamo di non perdere delle buone opportunità.

- Lo so, Carmine, ma per un periodo di qualche settimana preferisco che non stiamo troppo in vista.

- Va bene Domenico, come desideri.

- La riunione è andata bene, ci siamo divertiti e gli ospiti hanno lasciato il club verso le due molto soddisfatti. Ti rinnovo il mio grazie per l'ottima organizzazione.

- Grazie, apprezzo.

- Un'altra cosa, prima che mi dimentichi: mi diceva Ferrigno che ieri sera verso le dieci e mezza e per un'oretta abbiamo ricevuto la visita di un paio di signori che si sono qualificati come investigatori della polizia del New South Wales. Hanno curiosato qui e là nei locali del club, nei bar, nella sala delle slot machines e all'accettazione hanno chiesto di parlare con il manager. Quelli della reception hanno chiamato Ferrigno. Gli hanno chiesto cose generiche, stronzate tipo chi è il proprietario, chi è il general manager, se ultimamente ci sono stati problemi di ordine pubblico, quali sono gli orari di chiusura. Mi raccomando, se si dovesse ripresentare qualcuno, massima collaborazione, noi siamo in regola al cento per cento. Anche se chiedessero i libri, nessun problema, a disposizione. E se poi proprio qualche piccola cosa non fosse a posto, take it easy, si trova sempre una soluzione, sei d'accordo?

- Insomma... Domenico, in una certa situazione non saprei come muovermi, preferirei che l'avvocato fosse presente.

- Non ti preoccupare Carmine, l'avvocato Kingshorns l'ho già sentito e si è espresso in quel senso. E se ci fosse bisogno lo farei intervenire immediatamente.

- Cioè, volevo dire, io non ho mai avuto a che fare con la legge...

- Ma che avere a che fare con la legge, Carmine, cosa dici? Saranno normali controlli amministrativi, non ti preoccupare. Tu, se vengono, fammi sapere subito e poi apri le braccia ai funzionari istituzionali. Al resto penso io! Mi sono spiegato?

- Perfettamente.

- Bene allora siamo in contatto costante e ci vediamo tra un paio si settimane. Ti abbraccio. - e la comunicazione viene interrotta.

Capitolo 21

25 ottobre 2013

Sono stati tre mesi abbastanza duri: il lavoro è aumentato, i clienti moltiplicati, a volte Carmine deve fare dello straordinario. A movimentare e complicare la placida monotonia in cui amerebbe che le sue giornate si incanalassero, ci sono stati inoltre un paio di episodi di intolleranza che hanno richiesto il suo intervento, ma che fortunatamente non hanno avuto seguito. Tutto si è messo a posto in entrambi i casi con un invito formale a lasciare il locale rivolto ai clienti intolleranti. Invito che il manager ha rivolto agli irrispettosi avventori accompagnato da Ferrigno e da un bodyguard samoano alto uno e novanta per cento chili di muscoli compressi in un completo da grande magazzino.

In una occasione in particolare, alcuni ubriachi a cui venivano rifiutati altri alcolici, protestavano con troppa veemenza e qualche insulto di troppo. Alla sua ferma richiesta di lasciare il club, avevano risposto con atteggiamenti ancor più minacciosi. A quel punto il samoano aveva fatto un passo avanti con un ghigno minaccioso stampato in faccia ma lui lo aveva fermato trattenendolo per un gomito. Gli era parso di notare di sfuggita Ferrigno portare bruscamente la mano destra sotto la giacca, come a voler prendere qualcosa sotto l'indumento.

Era stata questione di un attimo, un lampo di consapevolezza, un dubbio forse. Ma era un fatto che, al gesto del calabrese, l'aggressività di quei seccatori si era subito trasformata in reiterate scuse, erano saliti sulla loro auto e sgommando erano scomparsi velocemente.

Quel dubbio però era rimasto. Si trattava di una supposizione è vero - Ferrigno non aveva preso nulla da sotto la giacca - ma quell'episodio lo aveva spinto per la prima volta a porsi una domanda: quale era il vero ruolo, aldilà dell'ufficialità stabilita dal contratto, del suo collaboratore in seno all'azienda che lui dirigeva?

Già a giugno dell'anno prima, a proposito di tutti quei pomodori pelati, di fronte alle risposte decise di Ferrigno e al suo sarcasmo, si era chiesto che significato avesse avuto la sua nomina a massimo responsabile del club, se poi uno dei suoi vice poteva fare e disfare senza neanche che lui fosse minimamente informato di quello che stava accadendo.

La cosa poi si era presto sgonfiata: proprio come affermato da Ferrigno i bancali di lattine erano stati portati via da un camion un paio di giorni dopo. Turano aveva provato un retrogusto amaro per essere stato scavalcato in quel modo, ma ben presto la sua predisposizione a non andare al fondo delle cose aveva prevalso e nel giro di qualche giorno aveva finito per metter in un angolo della memoria sia l'amarezza, sia i barattoli di conserva.

Un'altra cosa che lo aveva fatto riflettere era stato tutto il polverone sollevato per quella riunione di tre mesi prima. Quella sera del luglio scorso al club si erano riuniti alcuni conoscenti di Corallo per una rimpatriata tra connazionali per un po' di svago e per parlare di affari. Così gli era stato detto dal suo capo.

Quella stessa sera un paio di poliziotti in borghese erano stati visti aggirarsi nelle varie sale del club e dopo essersi qualificati avevano fatto alcune domande generiche sulla conduzione del locale.

Nel giro di poche ore Corallo era partito con urgenza per affari. Qualche giorno dopo si era presentato quel Maribor della Federal Police, che lo aveva tenuto occupato per una buona mezz'ora: prima legittimando la presenza dei due colleghi la sera della riunione e in seguito facendogli domande inerenti la riunione stessa e chi vi aveva partecipato.

Il poliziotto aveva tenuto a precisare che non si trattava di un interrogatorio ma di una conversazione informale. La sua visita, precisava, andava presa alla stregua di un normale controllo di routine e non aveva fornito ulteriori chiarimenti.

Turano, come suggeritogli dal suo datore di lavoro, aveva garantito al funzionario della polizia la propria piena disponibilità nei confronti delle autorità mettendo a disposizione, se richiesto, i libri contabili dell'azienda che dirigeva. Maribor, ringraziandolo e declinando con un sorriso l'offerta, aveva nuovamente indirizzato la chiacchierata sulla riunione che vi si era svolta qualche sera prima. Conosceva coloro che vi avevano preso parte? Turano confermava di conoscerli solo formalmente, quali ospiti del suo datore di lavoro. Per quanto ne sapeva lui si trattava di persone perbene, imprenditori di successo stimati e ben accolti nei migliori circoli finanziari ed economici del Paese. Aveva di conseguenza fornito senza alcun problema i nominativi dei partecipanti, incluso quello dell'indonesiano, esortando il suo interlocutore ad avviare quanto prima gli accertamenti del caso che, non aveva dubbi in proposito, avrebbero messo l'azienda che dirigeva al riparo da voci screditevoli.

Informato Corallo, ancora in India, dell'accaduto, questi, dopo aver riso con tono divertito di quanto Maribor asseriva a proposito del controllo di routine, aveva espresso il suo apprezzamento per come erano andate le cose, esortandolo a rimanere sempre estremamente disponibile nei confronti del funzionario di polizia.

Aldilà dei complimenti del capo, il fatto che però la polizia federale facesse delle domande a proposito degli ospiti del suo datore di lavoro, aveva fatto sorgere in Carmine un'inquietudine che giorno dopo giorno era cresciuta fino a diventare parte preponderante dei suoi pensieri. Con Jennifer non ne aveva fatto parola, sospeso tra i suoi dubbi e la realtà fatta di nulla, di supposizioni, di congetture. Il poliziotto nel giro di una settimana si era rifatto vivo. Come da lui in precedenza affermato, gli accertamenti sugli ospiti del club avevano dato risultato negativo e la reputazione del locale rimaneva intatta. Al nostro ingenuo amministratore delegato non era sembrato vero di potersi liberare anche questa volta di un tale peso.

Ben presto ci si era riadagiati nella routine di sempre, Domenico era ricomparso allegro e pimpante dal suo viaggio in Oriente e tutto era rientrato nella normalità del tran tran quotidiano.

Tran tran che però, poco tempo dopo, veniva interrotto nuovamente, almeno per Carmine, dall'episodio dei teppisti ubriachi. Nuovi dubbi, nuovi rovelli, nuove paure: un'errata interpretazione? Un suo tarlo mentale?

Poteva darsi ma di fatto quello che aveva creduto di vedere - la mossa di Ferrigno per prendere un'arma - anche se non si poteva collegare all'ispezione subìta qualche settimana prima, contribuiva a far crescere in lui un malessere più ponderato, più articolato. Il gesto, a suo modo di vedere, confermava quel suo vecchio tarlo per cui il calabrese ricopriva in azienda un ruolo ben più importante di quello di responsabile della ristorazione del locale. Un ruolo basato principalmente sulla fiducia che Corallo riponeva in lui, conseguenza di un rapporto stretto, diretto, senza intermediazioni di sorta; un rapporto in virtù del quale potevano esserci aspetti della gestione del locale che i due trattavano in privato e che non dovevano essere condivisi con il resto della dirigenza.

Questa dimensione di segretezza, vera o presunta che fosse, lo turbava e voleva, alla prima occasione, parlarne con Corallo.

Ma Turano, da una parte incapace di sostenere certe pressioni psicologiche, dall'altra interessato soprattutto ai privilegi economici che il posto che occupato gli garantiva, si era in poco tempo rasserenato: in fondo non era in possesso che di semplici supposizioni. Aveva ben presto ingoiato il rospo e l'episodio del gesto di Ferrigno, così come quelli di cui si diceva prima, era scivolato senza particolari drammi nel dimenticatoio.

Capitolo 21

Capitolo 22

19 febbraio 2014

La villa a due piani in stile provenzale sorge su un parco di circa un ettaro. I rari passanti possono intravedere un prato curato in maniera impeccabile e, qua e là, alcuni alberi ad alto fusto tipici dell'emisfero australe.

L'intera proprietà è delimitata da un muro di cinta costruito con cubi di pietra arenaria nel quale, a distanza regolare, sono ricavate delle larghe feritoie chiuse all'esterno da grate bombate di ferro lavorato a mano. In corrispondenza di ognuna di esse, fissate su supporti metallici ben mimetizzati con i colori circostanti, delle telecamere a circuito chiuso formano una barriera elettronica praticamente insuperabile. Alcuni sensori piazzati in punti strategici e una serie di monitor all'interno del fabbricato costituiscono l'apparato di sicurezza.

Un cancello automatizzato, che richiama il disegno e la lavorazione delle grate e che si affaccia su un cul de sac con viabilità limitata ai residenti locali, chiude l'accesso al giardino. Dal cancello si dirama un vialetto in ghiaia, delimitato da cespugli di gelsomino cinese, che porta direttamente a una piazzola pavimentata e abbellita da un complesso statuario in marmo di Carrara. Esso è formato da una vasca circolare al cui centro torreggia un Nettuno dall'espressione corrucciata che regge una brocca. Da essa fuoriesce un rivolo d'acqua che precipita nella vasca sottostante, disturbando il quieto vivere delle carpe che nuotano placide. Sulla piazzola si affacciano l'autorimessa e l'ingresso dell'abitazione, riparata da un portico. In un angolo, sottratta alla vista da un'alta siepe, sorge la casetta dove vivono i coniugi Nunzio e Jessica: lui giardiniere, lei collaboratrice domestica.

La vegetazione delimita a nord, a ovest e a sud la proprietà. A est, uno spiazzo erboso lungo alcune decine di metri, interrotto a metà dal rettangolo azzurro di una piscina, declina verso l'oceano. L'impeto delle onde, nel loro infrangersi a riva, è attenuato da un muraglione alto tre metri di grossi blocchi di arenaria, che poggiano sulle rocce sottostanti. A una estremità sorge una baracca in mattoni munita di scivolo per natanti, da cui si allunga tra le onde un pontile di tubi di metallo e assi di legno a cui è ormeggiato un potente motoscafo. Ai bordi della piscina una trentenne vistosa in bikini gioca con una fanciullina di tre o quattro anni: sono Erika, ex top model finnica, moglie di Corallo, e la loro bambina, Ylenia.

Sdraiato sulla chaise longue sistemata sul terrazzo con vista oceano, un calice di vino rosso in mano, Domenico le osserva sorridendo godendosi la luminosità di quel tardo pomeriggio di fine estate. E riflette:

- Sono passati due anni e mezzo da quella visita a Polsi e quasi due da quando abbiamo iniziato a lavorare con Sutakavarna e oggi tocco con mano la soddisfazione di chi mi ha dato retta e fiducia.

Al suo ritorno a casa, un'ora prima, Nunzio gli ha mostrato un pacco consegnato da un corriere.

Lui, con falsa noncuranza, ha procrastinato l'apertura della scatola mentre pensava come le precauzioni non siano mai troppe. Rientrato in casa, dopo essersi rinfrescato ha chiamato Nunzio e gli chiesto di aprire l'involto:

- Sono sei bottiglie di vino dottor Corallo, l'imballaggio è di lusso, con la paglietta protettiva. C'è anche una busta dentro, carta satinata, sigillata con ceralacca - lo ha informato l'inserviente.

Si tratta di una confezione da sei bottiglie di quel cabernet che ora sta sorseggiando, un'annata eccezionale, imbottigliamento limitato, roba da centinaia di dollari a bottiglia. Sul biglietto di accompagnamento vergato a mano, un messaggio stringato ma eloquente: "Con affetto paterno. N.M.", sufficiente a fargli comprendere chi fosse il mittente.

- È contento zi' Nino! E vorrei vedere che non lo fosse.

Corallo si riferisce all'affare boliviano, così lo ha definito lui, al giro di denaro generato dallo smercio di cocaina, denaro che viene girato sulle banche cinesi e britanniche, attraverso una nota agenzia panamense. E si parla di decine di milioni, cifre importanti.

- In Australia di cocaina sembra non ce ne sia mai abbastanza. Tutte nasche eccellenti - ironizza tra sé, sorridendo - d'argento, come si diceva ce le avesse anni fa un grosso industriale italiano. Tirano tutti! Il venerdì e il sabato sera è un fiume in piena, con tutta 'sta gioventù in giro per divertimento. Ma la movida rappresenta solo una parte di quel vorticoso giro di denaro: anche nella vita di tutti i giorni, dai fattorini che fanno le consegne diurne in bicicletta ai corrieri che scaricano le merci di notte, dagli avvocati, ai brokers - e Corallo ne conosce parecchi con il vizietto - dai tassisti agli sportivi, dagli esperti di finanza ai chirurghi che sniffano per operare di più e quindi guadagnare di più, persino alcuni parlamentari, gli viene riferito dagli amici che fanno la distribuzione, sono in molti a darsi una "spintarella" quotidiana usando l'alcaloide.

- È cosa buona, un motivo in più per tenerli sotto pressione. Loro non sanno che noi sappiamo, pensano di avere a che fare solo con il loro pusher personale, una cosa discreta, per intimi. Idioti!

Corallo sorride compiaciuto al pensiero della cassaforte celata dietro una delle rastrelliere per i vini d'annata, che tiene giù nella cantina della villa. In essa sono conservati centinaia di documenti cartacei, di registrazioni audio e video, di fotografie, raccolte dai suoi uomini nel corso degli anni. Sono prove inconfutabili di certi piccoli vizietti, che non esiterebbe a usare per ricattare chi dovesse alzare troppo la cresta.

- È chiaro che come in tutti gli affari ci sono degli imprevisti, delle contrarietà - considera con un certo disappunto.

- Ma non sarà qualche sequestro o qualcuno che si sbraca che può farci tremare i polsi: abbiamo le giuste conoscenze negli ambienti che contano e possiamo, a seconda della situazione, comprarli e anche, perché no, farci affari insieme.

- Aveva ragione mio padre: ognuno ha un prezzo! Già dai tempi dei mercati generali, quando si campava con il pizzo agli agricoltori, si ungeva già l'ingranaggio, è sempre stato così. Povero papà, se n'è andato troppo presto, era del '50, un mese fa, un infarto. Glielo dicevo che le sigarette l'avrebbero ammazzato, ma lui niente, quaranta Winfield al giorno, fino a scoppiare.

China il capo con un groppo in gola mentre ripercorre la vita del genitore, da quando, ancora giovane, era arrivato in Australia a dieci anni con i nonni Domenico, a cui deve il proprio nome di battesimo, e Rosalia. Erano andati a stare a Mildura, inizialmente da un fratello del nonno, lo zio Carmelo che viveva già lì da parecchi anni. Li avevano richiamati con una di quelle sponsorizzazioni fasulle fatte da uno degli agenti italiani dell'emigrazione locale, certo Tony Spina, che il nonno nominava sempre come suo benefattore. All'epoca il governo federale rilasciava licenze a chiunque, visto che c'era bisogno di manodopera straniera.

- Ma chi? Mio nonno Domenico Corallo a fare l'operaio? Ma figuriamoci! Era già camorrista quand'era in Calabria, non si sarebbe certo messo a impastare cemento arrivato qui.

Le cronache giudiziarie e gli atti processuali dell'epoca confermano che a margine dell'enorme numero di emigranti che lasciavano la Calabria, destinati a diventare parte della futura forza lavoro downunder, certe persone venivano scelte proprio perché avevano già nella terra d'origine una consolidata reputazione di uomini d'onore. E le Locali che si andavano costituendo nell'ex colonia britannica avevano bisogno di gente con profili criminali di tutto rispetto, visto che gli affari crescevano in maniera esponenziale.

- Sempre stato rispettato il nonno, mai una grana con la polizia, mai un diverbio con altri calabresi. Ben visto e rispettato nel suo ambiente come uomo tutto d'un pezzo e dalle decisioni equilibrate. Se n'è andato due anni fa per cause naturali, tumore alla prostata, ma quanti tra quelli che conosceva hanno fatto una fine violenta, lasciati sull'asfalto pieni di piombo - riflette con amarezza.

- Lui no! Lui faceva i suoi affari, campava la famiglia, la moglie e tre figli, mio padre e due sorelle più piccole, la zia Maria e la zia Concettina conducendo la sua azienda di produzione di agrumi che poi finivano al mercato di Melbourne.

- Intanto si cresceva il figlioletto Rocco, il mio povero papà, insegnandoli a stare con due piedi in una scarpa in quel mondo fatto di sacre regole inviolabili, prima fra tutte quella del silenzio.

"Micu u canguru", come viene scherzosamente soprannominato quando torna in Italia, sorride fiero ma con rimpianto nel ricordare le tante serate passate in compagnia del padre, un buon liquore, un ciocco di quercia ad ardere nel caminetto e quei racconti che andavano avanti per ore con cui il genitore, nel narrargli la sua esistenza, lo corazzava, come amava ripetere, contro le avversità della vita. Rocco Corallo si era fatto le ossa alla scuola del padre, promettendo bene fino dagli esordi e aveva imparato bene la lezione del suo vecchio. La sua però era stata una vita piena di rischi e di difficoltà. A diciannove anni, nel '69, con il permesso dei vecchi della zona, aveva impiantato la prima piantagione di cannabis su una proprietà comprata appositamente a Warrananga, vicino a Mildura. Suo socio nell'affare era Saverio Montano, fratello dello zi' Nino, che aveva investito in quell'affare i soldi del rapimento di un industriale veneto in Italia, trecento milioni di lire del tempo, un mucchio di soldi. Tutto sottotraccia, senza ostentare, almeno loro.

Ma negli anni '70, quando quello era il business principale e cominciavano già ad entrare parecchi milioni di dollari, come sempre accade dove girano tanti soldi, l'avidità aveva preso il sopravvento.

L'avidità però può far perdere di vista quelle che sono certe regole fondamentali, come per esempio quella di agire sottotraccia, di non vantarsi, di non vivere al di sopra dei propri mezzi, di non mostrare pubblicamente le proprie effettive disponibilità economiche. Così invece di tenere ben nascosti i proventi della vendita di cannabis, si iniziarono a costruire ville faraoniche, a spendere cifre non giustificabili con il lavoro che facevano o con la conduzione di un'azienda agricola, per quanto proficua questa potesse essere. E in questo modo venne messo in piazza e confermato quello che già veniva sussurrato con un filo di voce, per il timore di ritorsioni violente.

Gli archivi polizieschi infatti riportano di numerose operazioni che venivano effettuate già da decenni il cui scopo era indagare su certi personaggi legati alla Società, autori di fatti di sangue, di furti, di estorsioni. Già nel 1964 le autorità avevano chiesto e ottenuto le consulenze di Cusack, un americano, e di Macera, un italiano, per quel che riguardava il crimine organizzato.

- Oppure, a causa della propria bestialità, di scambiare le decisioni più scellerate per ponderate ed eque. Si sa, in ogni generazione, in ogni contesto sociale c'è sempre qualcuno che si erge a eroe, che crede che raddrizzerà le storture che ha, o crede di avere sotto gli occhi - pondera con contrarietà, senza però poter negare un filo di ammirazione.

- Mackay ad esempio: uno così non lo compri, non c'è verso, ed è così fermo nei suoi valori che seppur intimidito va avanti nella sua battaglia. L'hanno fatto ammazzare nel piazzale del Griffith Hotel, praticamente davanti a tutti e hanno fatto sparire il cadavere, per monito. Bel risultato!

A seguito dell'omicidio del deputato liberale e attivista antidroga Donald Mackay, nel 1977 a Griffith, il governo del New South Wales istituì una Commissione Reale presieduta da Philip Woodward. Gli inquirenti avevano identificato pubblicamente personaggi appartenenti o legati alla 'ndrangheta in Australia. Era stata inoltre quantificata la portata del giro di affari prodotto dallo smercio di stupefacenti a questi attribuibile. Si era infine accesa una impietosa luce sul grado di penetrazione che l'organizzazione aveva nei gangli della cosa pubblica, ivi compreso un significativo livello di corruzione nelle file delle forze di polizia.

- Troppo sangue caldo, troppo radicato il principio dell'occhio per occhio, dente per dente, per poter fare crescere in santa pace gli affari. Queste cose mio padre le aveva capite presto. D'altra parte seguiva l'insegnamento del nonno che a sua volta era convinto che bisognasse sempre cercare una soluzione pacifica.

Questa considerazione riporta il nostro allo scorrimento dei fotogrammi che compongono la vita del suo genitore. Rocco Corallo si sposò giovanissimo, aveva ventidue anni, e il 29 settembre del '74, il giorno della nascita del suo primogenito, stabilì che il figlio avrebbe studiato e si sarebbe fatto una posizione fuori da quelle dinamiche di stampo patriarcale e violento.

Certo, sempre nell'ambito della Società, ma usando metodi diversi, senza violenza, introducendosi negli ambienti che contano e una volta dentro di essi lavorando sottotraccia per crearsi una reputazione solida, basata sugli affari, sullo scambio di favori, non sull'intimidazione né tantomeno sul terrore.

Questa decisione ne innescò una seconda che ritenne fondamentale per la realizzazione del suo progetto e quindi per l'esistenza del figlio: quella di trasferirsi a Sydney. Certo, non subito, ci voleva tempo, il bambino doveva crescere, gli affari locali andavano seguiti da vicino e ad altri bisognava dare l'input iniziale nella grande metropoli, senza calpestare i piedi a nessuno e anzi creandosi anche lì una rete di alleanze. Ci vollero degli anni ma infine, dopo aver compiuto i passi necessari e aver ottenuto, grazie alla buona parola del padre che aveva amici in tutta Australia, il via libera delle due Locali, vendette la proprietà, comprò una grande casa a Watson Bay e si trasferì con la famigliola nella capitale del New South Wales. Era il 1983 e Domenico, che era rimasto figlio unico, aveva nove anni.

Dopo le scuole primarie fu iscritto alla St. Joseph Catholic Boarding School di Hunters Hill, in collegio a pochi chilometri da casa, ma Rocco volle così e nella sua famiglia la sua parola era legge. La moglie non mancò di lamentarsi per la severità delle sue scelte, ma la decisione fu irrevocabile. Aveva però concesso, per proprie scelte personali e per accontentare la consorte, a iscriverlo a una scuola cattolica. Alle lamentele della consorte, lui replicava pacato lodando la vita disciplinata del collegio: essa avrebbe temprato il carattere del ragazzo e per viziarlo sarebbero stati sufficienti i fine settimana.

- E aveva ragione - concorda mentalmente Domenico - fu un'esperienza irripetibile. Mi venivano dati gli strumenti per capire quanto importante fosse per la formazione di un uomo di successo essere disciplinati, studiare seriamente, nutrire ambizioni mentre, quotidianamente, quelle virtù le dovevo coltivare e mettere in pratica così da poterne cogliere e godere i frutti della loro applicazione. Uscii dal college con il massimo dei voti. Mi sentivo di spaccare il mondo.

Corallo senior si occupava di cavalli in quel periodo. Grazie alle referenze di un politico statale, poi diventato membro del parlamento federale a Canberra, aveva aperto una piccola scuola di equitazione a Rosehill, il galoppatoio di Parramatta, che gli serviva da paravento per la sua attività di broker per scommesse clandestine.

Delle sue faccende diceva poco in casa ma nel corso degli anni, gradualmente, aveva rappresentato al figlio con toni quasi mitici questa figura di uomo tutto d'un pezzo, rispettato e temuto. Una persona implacabile con i prepotenti e caritatevole con i deboli, che non si abbassava a vendersi a chicchessia per un pezzo di pane. Un individuo che per poter garantire alla propria famiglia il necessario, non esitava a procurarselo anche con metodi non legali, ove la legge rappresentava l'espressione del potere di certe persone, poche, a scapito dei più.

- L'uomo che, diceva, sarei diventato io - afferma inseguendo i suoi pensieri e provando una certa lusinga.

- Mi aveva con il tempo fatto parte di quello che era un segreto inviolabile, se non con persone di comprovata fiducia, parlandomi di questi uomini, di questi camorristi, che si riunivano in confraternite, definite Famiglie, che a loro volta formavano le Locali, gruppi più estesi, legati da vincoli parentali oppure d'affari, che univano i loro sforzi per assicurare il benessere comune. Seppi a tempo debito che era affiliato a una Famiglia di Mildura e che quest'ultima, con simili congreghe costituite in altre località, formavano la Locale di Griffith. Ogni tanto, mi portava con sé nel suo ufficio prospiciente l'ippodromo e mi presentava ai suoi amici, gente proveniente dalla Sunraysia Valley o dalla Riverina, che ricordavo di aver già visto a casa nostra quand'ero bambino. Ma gli ospiti di mio padre venivano anche da Adelaide, da Brisbane, da Melbourne o da Perth, gente che non conoscevo e che il vecchio mi presentava come suoi compari o carissimi amici.

Ligio agli insegnamenti del genitore, Domenico era sempre rispettoso ed educato, misurava gesti e parole. Non aveva difficoltà alcuna a esprimersi con loro in italiano, visto che in casa si parlava solo quello. Suo padre glieli presentava come persone di rispetto, uomini d'onore che, diceva, erano suoi soci in affari e forse un giorno quegli affari li avrebbero fatti anche con lui.

Loro non mancavano mai di complimentarsi con il compare per come tirava su il ragazzo, dicevano, e spesso, prima di congedarsi, gli allungavano qualche banconota da cento che lui inizialmente, come da istruzioni paterne, rifiutava cortesemente, finendo però, per rispetto del donatore, per accettare. Il viso di Rocco, a vederlo mettere in atto ogni sua indicazione, si apriva in eloquenti sorrisi di soddisfazione.

La preparazione del giovane doveva includere la familiarità con un'arma da fuoco. Sebbene gli venisse ripetuto sempre che lui non avrebbe avuto bisogno di servirsene perché era nato per comandare e chi comanda certi lavori li fa fare ai suoi sottoposti, la dimestichezza con l'uso di un'arma doveva far parte del suo curriculum.

Tra le attività ricreative di Rocco c'era la caccia, quella ai maiali selvatici nello specifico, molto diffusa nelle zone rurali australiane.

Nella mente di Domenico i ricordi riaffiorano, si accavallano impetuosi e la mente lo riporta a quel dicembre del '90 quando, a sedici anni compiuti, completato con eccellenti risultati accademici il triennio delle superiori, come premio per il suo andamento scolastico fu invitato per la prima volta a una battuta di caccia.

- Bello quel piccolo hotel di Dubbo dove passammo la notte - ricorda con un filo di nostalgia - e poi le scosse prodotte dal fondo irregolare del manto stradale sulla Land Rover che noleggiammo per andare nella riserva... che risate.

Domenico ricorda divertito le derapate: suo padre, ridendo tra un fiorire di turpiloquio e l'altro, era obbligato a dirigere l'auto sulla terra battuta ai lati dell'asfalto. Questo per evitare gli enormi camion con due o tre rimorchi che arrivavano in direzione opposta alla loro, occupando l'intera carreggiata. Un flash mnemonico riporta alla sua mente anche un cartello stradale "Gilgandra 40 Km".

Poco dopo suo padre accostò e lo fece scendere per aprire un cancello che immetteva in una stradina di terra battuta. Dopo circa un chilometro di buche e scossoni, giunsero nei pressi di una catapecchia interamente costruita in lamiera ondulata. Era il riparo, ormai in disuso, degli allevatori di pecore di quella proprietà che, come il ragazzo venne a sapere, apparteneva a un amico del padre.

Domenico ricorda lo stupore provato nel rendersi conto che le lamiere in effetti celavano una costruzione di mattoni non molto ampia, una camera, una cucinetta e un bagno composto da doccia, lavabo e cesso, ma sufficiente a ospitare un paio di persone. Quello che in particolare destò la sua sorpresa fu la quantità di derrate alimentari che erano stipate in un ripostiglio, cibi in scatola di ogni tipo sufficienti, pensò, a sfamare un'intera famiglia per parecchie settimane.

- Ci avviammo a piedi e ci inoltrammo nel folto della vegetazione. Papà mi fece indossare dei guanti di cucciù aderenti e dopo aver inchiodato al tronco di un eucalipto un bersaglio e avermi dato le prime rudimentali istruzioni su come usare un'automatica, mi fece sparare alcuni caricatori di una vecchia ma perfettamente funzionante Browning calibro 22.

A distanza di decenni ormai, Domenico ricorda ancora con dovizia di particolari quell'episodio perché ovviamente per un ragazzino della sua età, cresciuto come tutti gli adolescenti di quegli anni con negli occhi le immagini della seria televisiva Special Squad, tenere una pistola in mano, sparare veramente, significava provare delle sensazioni difficilmente spiegabili.

Gli pareva che tutte le sue insicurezze, normali alla sua età, fossero di colpo scomparse, che il tenere in mano quell'oggetto e adoperarlo, lo avesse posizionato di colpo una spanna sopra i miei coetanei, gli amici, i compagni di scuola.

Lo ricorda anche per la contrapposizione tra il suo entusiasmo e la drammaticità delle parole del suo genitore alla fine di quell'esaltante tiro a segno.

- Quando i caricatori furono vuoti, mio padre mi fece inginocchiare a terra e mi fece giurare solennemente che non avrei mai fatto parola con nessuno, nemmeno con la mamma, di quello che avevo fatto e che avevo visto, incluso la località dove ci trovavamo perché, concluse, ne andava della nostra incolumità fisica e della nostra reputazione nell'ambito della nostra comunità. Quel posto, disse, e quello che avevamo fatto dovevano restare un segreto tra lui e me. Solo dopo aver giurato, cosa che feci con le lacrime agli occhi - rammenta ora Domenico, rivivendo l'intensità di quel momento - mi promise che mi avrebbe portato ancora a sparare.

La consegna del silenzio e della segretezza divennero ben presto una costante per tutto quello riguardante ciò che faceva in compagnia di suo padre, le persone incontrate in sua presenza, le cose che sentiva dire.

Quando nel '93 prese il diploma di scuola superiore con ottimi punteggi, Rocco gli disse che si era meritato un viaggio con lui, qualcosa di speciale. Andarono a Mildura. Il ragazzo aveva nel frattempo preso la patente e il padre gli permise di guidare la sua Mercedes fino alla cittadina sul Murray River.

- Naturalmente alloggiammo in casa dei nonni - rievoca con affetto - e ricevemmo nel giro di qualche giorno la visita di tutti gli amici di famiglia. Qualche sera dopo mio padre, al cospetto del nonno, mi spiegò che la sera successiva ci sarebbe stata una riunione tra vari personaggi che, si premurò di specificare, appartenevano come noi alla nostra Famiglia. La riunione d'affari era stata organizzata in una casetta ai margini della proprietà del nonno. Quando gli invitati furono arrivati, fui presentato a tutti loro e da loro accolto calorosamente e con benevolenza.

Domenico ricordava con chiarezza di aver provato la sensazione di essere stato ammesso a far parte di una struttura forte, compatta, integrante, di una confraternita tanto esigente con i suoi affiliati, quanto generosa e protettiva per chi ne faceva parte avendone accettato le stringenti regole. In quell'occasione, per la prima volta nella sua vita, pensò a se stesso come a una persona diventata adulta.

C'erano anche alcuni ragazzi che avevano la sua età o erano appena più grandi. La nuova generazione di aspiranti uomini d'onore, quella sera era composta da cinque giovanotti: lui, Anthony Cresenzise e Peter Cavalleri che erano imparentati con tre dei partecipanti, mentre Cal Benvenuti e Andrew Stefaniti furono loro presentati come coetanei di valore.

Ben presto, da brani di frasi troncate, qualche allusione e alcune battute di spirito, a Domenico fu chiaro che il loro percorso di crescita era stato simile e che erano considerati giovani promettenti, bella gioventù.

Nessuno dei ragazzi tranne Andrew, e anche lui solo nell'ultima mezz'ora, fu ammesso alla riunione. Fu però dato loro l'incarico di sorvegliare i dintorni dell'abitazione e la consegna, in caso avessero sentito delle auto avvicinarsi, di dare l'allarme e poi di scappare e sparire nella campagna fino a che le acque non fossero tornate calme. Le auto a cui si riferivano i vecchi erano naturalmente quelle della polizia.

La riunione si svolse senza intoppi e Micu venne a sapere in seguito che, tra le altre cose, si era discusso anche del suo futuro di imprenditore.

Quando essa fu sciolta e i partecipanti li invitarono dentro per festeggiare il convivio, come la tradizione richiedeva, con formaggi, salumi e vino prodotti in Calabria, Corallo junior notò che il viso di Andrew era trasfigurato.

- Pareva avesse avuto una di quelle visioni che razionalmente sono difficili da spiegare, che se da una parte lo aveva lasciato perplesso, incredulo, dall'altra gli aveva trasmesso una sicurezza, quasi una arroganza che lo faceva sembrare ben più prestante rispetto al suo metro e settanta e alla corporatura mingherlina - rammenta sorridendo.

- Si aggirava con gli occhi umidi di commozione ma sprizzanti risolutezza, lusingato dalle pacche con cui sia gli anziani che noi giovani ci congratulavano per la sua affiliaziane.

Quella sera Andrew Stefaniti fu ammesso a far parte dell'Onorata Società, della 'ndrangheta, come fu loro permesso di chiamarla in quella occasione. La consegna inderogabile però, fu di usare quel termine solo tra di loro, mai all'esterno, mai con persone estranee alla Società: quelli che, ridendo, definirono "carduni".

Andrew era stato battezzato, aveva confermato con un giuramento solenne il suo vincolo all'omertà, all'umiltà, alla fedeltà per la famiglia. Lui che essendo figlio di uno sgarrista per diritto natale era giovane d'onore, con quella cerimonia era diventato picciotto e con quelle pacche ci si congratulava con lui e gli si augurava una lunga e florida carriera nell'ambito del Crimine downunder.

Capitolo 23

19 febbraio 2014

Lo squillo del cellulare interrompe le divagazioni di Corallo:

- Calogero, proprio a te stavo pensando, ma che sei telepatico? Stavo sorseggiando un buon cabernet calabrese...

- E da quando in qua in Calabria producono cabernet?

- Tu mi capisci Cal... insomma, sarà stato il vino, saranno gli anni che passano, mi sono lasciato andare ai ricordi dei bei vecchi tempi, quando eravamo giovani. A te e ai ragazzi pensavo, a quella sera a Mildura, ventidue anni fa, ti ricordi? Che bella festa...

- Domenico, e se mi diventi sentimentale tu dove andiamo a finire? Come faccio a dimenticarmi, certo che fu proprio una gran bella serata. E tante ne sono venute in seguito. Ma adesso con gli affari, i fastidi, le famiglie, come si fa, non c'è mai un attimo di respiro.

- A chi lo dici, sempre su e giù come una trottola, il giorno che sconto i frequent flyer andiamo tutti a fare tre volte il giro del mondo a gratis.

E tu Cal, tutto bene, comparuzzo?

- Tutto bene sì, i ragazzi crescono, Debora sta bene, non mi posso lamentare. Ma ti chiamavo per quella faccenda... posso parlare?

- Dimmi dimmi, ché il mio tecnico IT è un mago delle protezioni.

I due amici scoppiano in una risata poi Benvenuti prosegue:

- Sai quello di Fairfield, quello dei meloni?

- Sì mi ha accennato qualcosa Ferrigno. Ma... vedete di farlo ragionare, no?

- Ma quale ragionare e ragionare, quello non sente ragioni. Dice che lui è a posto, che i meloni sono andati a male e che dunque siamo pari, che non ci deve niente.

- Azz, come niente, parliamo di...

- Eh, appunto!

- E allora?

- E allora sto perdendo la pazienza. E lo sai che io se perdo la pazienza...

- Calma, calma, non facciamo cazzate. Gli affari sono la prima cosa. Lo sai che sollevare polveroni...

- E sì che lo so, ma se passa l'idea che qualunque stronzo può farci le scarpe...

- Non succederà, non ti preoccupare. Lascia fare a me, ora sento gli altri, ci vediamo e prendiamo una decisione con calma, tenendo presente tutto, come vecchi amici. Ma tu nel frattempo non fare mosse avventate, mi sono spiegato?

- Ti sei spiegato Domé, ti sei spiegato. Lo sai che la tua parola è oro colato per me.

- Eh... troppo buono! Va bene Calogero allora siamo d'accordo. Ti chiamo io e ti faccio sapere e stai tranquillo, vedrai che mettiamo a posto anche questa. Ti saluto.

- Ciao Mimmo, buona serata, salutami Erika e la bambina. Dille che uncle Cal ha comprato un regalo grosso grosso solo per lei.

- Riferirò - replica Domenico ridendo compiaciuto - e anche tu, saluta la famiglia. A presto.

Corallo torna ad allungarsi sulla poltrona da riposo:

- Sempre uguale Calogero, sempre ansioso - considera serioso Domenico, pur non potendo evitare di sorridere a tanta enfasi.

- Comunque quel Rosen sta esagerando e se non si mette in riga lo mettiamo a posto noi. La roba l'ha presa, se l'è venduta e ora pensa di fare la furbata dicendo che la Narcotici l'ha sequestrata. Come se noi eventualmente non fossimo in grado di saperle certe cose. Che idiota! E sì: gli ci vuole una lezioncina. Come a quel Mandic... che anno era? Il '95? Era il '95 sì, in piena estate, a gennaio.

Il ricordo riaffiora nitido alla mente ed è legato a un avvenimento molto rilevante per la sua carriera in seno all'Onorata Società: era stato battezzato da poco, poco prima di quel Natale. Gli uomini di Mandic, due energumeni di poche parole e tutt'altro che perspicaci, erano andati con il camion a caricare, direttamente in campagna dal nonno. Il giorno dopo "lo Zingaro", così era soprannominato il bosniaco, telefonò e disse che Goran, uno dei due tirapiedi, aveva sparato all'autista ferendolo gravemente e si era eclissato con l'automezzo con tutta la roba sopra, centocinquanta chili di marijuana, lasciando il compare agonizzante al bordo della strada. Una storia che, considerando i due personaggi in questione, risultava non credibile. Disse che lui era un uomo d'onore che rispettava gli accordi, ma adesso era rovinato e dovevamo dargli la possibilità di pagare il debito, dandogli un'altra partita di erba a credito.

I vecchi tennero una riunione e il giorno dopo suo nonno venne a Sydney. Prima si chiuse in ufficio con suo figlio; poi quando uscirono, disse a Domenico che era arrivato il momento di provare il suo attaccamento alle regole su cui aveva appena giurato e di dimostrare con i fatti che per la Famiglia era disposto a tutto. Siccome Domenico sparava bene, la Società riunita aveva deciso che fosse lui, accompagnato in moto da un secondo picciotto, a dare una lezioncina allo slavo.

Mandic, incurante di dare troppo nell'occhio, per i suoi spostamenti dall'outback a Sydney guidava una Porsche Carrera gialla.

Lo aspettarono fuori da un night su al Cross e quando uscì, accompagnato da due puttane, si avvicinarono piano in sella alla Kawasaki rubata e quando erano a meno di tre metri, prima che riuscisse a salire in macchina, Domenico gli scaricò quattro colpi nelle gambe.

Arturo, il pilota, diede gas e accompagnati dalle urla delle due donne in pochi secondi erano spariti, irraggiungibili. La scampò lo slavo, anche se per il resto della sua infame esistenza camminò zoppicando e aiutandosi con un bastone. Ma l'avvertimento - visto che un avvertimento era stato - fu recepito chiaramente. Tre giorni dopo, a seguito di una telefonata anonima ricevuta da un loro compare, il camion, con il carico sopra, fu ritrovato nel piazzale di una cascina abbandonata vicino a Yenda, nella Riverina. Mandic aveva capito al volo.

Corallo sa che non dimenticherà mai il proprio battesimo con il fuoco, la paura che aveva provato, l'adrenalina, la concentrazione per non fallire il bersaglio e per colpire evitando di uccidere, l'euforica esaltazione, l'orgoglio, il senso di appartenenza.

Superato l'esame, il giovane malavitoso venne promosso.

Qualche mese dopo il fatto di Mandic, un cugino del capo crimine della Locale di Sydney a cui Domenico faceva capo, anche su sollecitazione di suo padre, offrì un "fiore", una raccomandazione in suo favore ed egli avanzò al grado di camorrista, acquistandone prestigio in seno alla comunità di appartenenza.

Intanto proseguiva gli studi alla Sydney University e un anno dopo ottenne il Bachelor of Economics con il massimo dei voti e l'Honour. Era la fine del '96, aveva ventidue anni.

- Mio padre mi regalò un monolocale a Pyrmont - rammenta - la mia prima casa, così non dovevo portare scandalo in casa, "da quella santa donna di tua madre", disse, se avevo a che fare con femmine di facili costumi - e una risata schietta gli sgorga spontanea.

Ormai le scommesse clandestine rappresentavano la minima parte degli affari finanziari di Corallo senior. I suoi investimenti maggiori erano il traffico di sostanze stupefacenti, eroina e amfetamine soprattutto, che venivano poi distribuite sulla piazza, grazie a specifici accordi, dai vari club di motociclisti, i "bikers".

Nella mente di Domenico prende a scorrere, tra le tante avute con suo padre, la sequenza di conversazione in particolare:

- Tu - riecheggiano nella mente le parole del genitore - non dovrai neanche più occuparti di queste faccende, imparerai a comandare, ché comandare è meglio che fottere, ricordatelo. I soldi contano è vero, ma solo come veicolo per ottenere il potere e tu è al comando che devi aspirare. Con il mio aiuto imparerai a capire le persone, a selezionarle, a circondarti di quelle di fiducia e poi queste e altre faccende di manovalanza le delegherai a loro. Anche se tirare il grilletto di un revolver ti fa sentire invincibile, quello non è lavoro per te. Tu devi lavorare per salire a un altro livello, devi diventare la mente finanziaria della Famiglia, quello che i soldi sporchi li fa diventare puliti, mi spiego?

Domenico ribattè che certo, si spiegava, ma che avrebbe dovuto spiegargli come farlo, come poteva riuscire senza pestare i piedi a nessuno.

- Prima di tutto dovrai ottenere il benestare delle nostre conoscenze in Calabria - gli rispose il vecchio in tono pacato - e su questo il nonno, specialmente il nonno, metterà una buona parola. Certo poi è alla Famiglia che dovrai portare i risultati, ma per ottenerli dovrai staccarti da essa, dimenticare la violenza, dimenticare certi metodi e imparare invece a decidere di testa tua, in base alle tue capacità, ai tuoi studi, devi dimenticarti che se ti serve puoi sparare oppure ordinare a qualcuno di farlo per te. Mi spiego? Dovrai sfruttare al massimo le tue capacità. Perché credi che ti faccio studiare? Perché ho capito, perché abbiamo capito, che hai il cervello fino. E poi sei un ragazzo di comando e non sei un cagasotto - Domenico rievoca con la stessa lusinga di allora - tu sei pesce che deve nuotare in un acquario diverso dal mio, da quello del nonno, da quello delle persone di quel certo giro che ti faccio conoscere. Noi, un po' con la furbizia, un po' grazie agli avvocati e un po' grazie ai dollari che passiamo sottobanco a chi di dovere, cerchiamo di evitare di passare guai seri con la giustizia, ma la nostra reputazione è compromessa. Quindi tu dovrai mischiarti con persone che da certe accuse, ma che dico, neanche da certe allusioni sono sfiorate, gente rispettata, famosa, persone fuori del nostro giro, imprenditori, banchieri, maghi della finanza certo, ma anche politici, magistrati, rappresentanti delle forze dell'ordine...

- Delle forze dell'ordine? - e gli par di rivivere l'incredulità che provò allora.

- ...sì anche loro, se serve. E poi intellettuali, giornalisti, attori molto noti, principi del foro di Sydney, sportivi famosi, insomma in una parola gente insospettabile. Perché per fare girare bene i nostri soldi, per fare gli interessi nostri devi costruirti una reputazione di insospettabile. Sarai un'ombra tra altre ombre, con un mandato specifico ma senza nessun riferimento al mandante, con piena autonomia decisionale e soprattutto con specchiata e inattaccabile rispettabilità. Così, grazie al tuo lavoro, col tempo trasformeremo quello che era impresentabile in qualcosa di appetibile, coi soldi del crimine, guadagnati dai sottoposti, infiltreremo l'economia pulita e a quel punto avremo fatto il nostro salto di qualità. Mi capisci?

Lo capiva Domenico, eccome se lo capiva e il compito che gli si prospettava gli dava un'esaltazione se possibile ancora più elettrizzante di quella provata a sparare a quell'indegno di Mandic.

Con questo bagaglio culturale e relativa lezione di vita, dopo la laurea triennale partì per gli Stati Uniti. Per via delle amicizie e di un amorazzo dell'epoca, lui il master avrebbe voluto farlo a Sydney; ma suo padre si impuntò, dicendo che gli atenei americani erano più prestigiosi e che il titolo di studio ottenuto lì avrebbe senz'altro avuto tutt'altro peso nel prosieguo della sua carriera. Scelse Harvard, il più prestigioso.

Quando ritornò dall'America, fresco di Master in Business Administration, fu messo a bottega, si fa per dire, da Darren Roquebrune, buona-nima, uno dei primi cani sciolti di Sydney ad aver fatto i milioni con i giochetti giù a Bridge Street. L'altro "bocia" del Maestro, suo collega nell'imparare "il mestiere" era Lou Belmont, che grazie all'aiuto degli amici degli amici, aveva studiato finanza e si stava lasciando dietro i ricordi della galera per i suoi eccessi erotici.

Con Roquebrune, e con suo padre che gli fiatava sul collo, iniziò a orizzontarsi in quell'oceano popolato da squali che era il mondo della diversificazione finanziaria.

- Altro che acquario, come l'aveva definito il mio vecchio. Qui nessuno sparava, o almeno così credo, ma la logica del profitto mieteva sicura-mente più vittime di tante violente sparatorie: era una guerra.

Il suo apprendistato durò due anni. Nel maggio del duemila, dopo un colloquio con il Maestro, suo padre disse che era pronto e che doveva iniziare a pensare a mettersi in proprio. Per celebrare il nuovo millen-nio, e con esso il suo ingresso nel mondo imprenditoriale, gli propose una joint-venture, la Corallo Entrerprise, capitale un milione di dolla-ri, consulenze finanziarie.

Il vecchio avrebbe interamente anticipato il capitale iniziale attraverso una finanziaria gestita da amici di Roquebrune, per cancellare ogni connessione con la Famiglia. Domenico si impegnava a restituirglielo con gli interessi.

- Se ripenso a quel contratto capestro con la banca - sorride indulgente Domenico al ricordo.

- Adesso quando varco il portone esce il Direttore a darmi il buongiono e quasi quasi mi stendono il "red carpet".

Ma era pieno di entusiasmo, Domenico, e forte dei suoi studi e della gavetta fatta con un tal precettore, iniziò la sua carriera di imprendi-tore. Il resto, come si dice, è storia. Con il consolidarsi dell'azienda è andato crescendo il prestigio in seno alle Locali australiane e come conseguenza il volume di affari che da essa ne deriva.

- In effetti ho anche avuto fortuna - ammette prendendo un sorso dell'ottimo cabernet - ho subito qualche perdita ma in qualche modo sono sempre riuscito a cadere in piedi, come i gatti.

Come suo padre aveva auspicato, col tempo ha intessuto una rete di conoscenze ad alto livello che risultano fondamentali per la buona riuscita di certi affari. La misura del successo ottenuto e, con esso, della stima che gode in certi ambienti, gli fu manifestata con una telefonata che ricevette proprio mentre con i suoi dipendenti festeggiava il quinto anniversario della Corallo Enterprises, nell'ufficio che nel frattempo aveva aperto a North Sydney.

Glenda, la sua assistente, si avvicinò e sussurrando lo avvertì che suo padre era in linea. Domenico sente un nodo formarglisi in gola quando ripensa a quella breve conversazione:

- Che c'è Pa', tutto a posto?

- Tutto a posto, figlio, tutto a posto. Appena hai finito lo sciampagnino, mettiti in macchina e passa a casa a prendermi. Andiamo a Bankstown, ho già prenotato l'elicottero, destinazione Mildura. Hanno organizzato per stasera una mangiata di maccheroni e capra in tuo onore.

- Ma...

- Non puoi mancare. Ci vediamo tra un'ora. Ciao - e il tono misurato ma fermo del padre rieccheggia nella sua mente come se la scena si fosse svolta solo il giorno prima.

Corallo ricorda ancora il rosso acceso di quel tramonto sul cielo dell'outback, mentre l'elicottero dondolava dolcemente in fase di atterraggio. Suo padre aveva dato disposizione al pilota, un suo conoscente, di atterrare nella proprietà del nonno. Un fuoristrada li attendeva e l'autista li condusse direttamente a due passi dal patio, il bel porticato della villa. Ad attenderli c'erano i nonni e un signore anziano molto distinto, elegante e il cui sguardo, seppur bonario, esprimeva una tale autorevolezza che Domenico si sorprese, suo malgrado, ad abbassare gli occhi per un attimo in segno di deferenza. Quando li rialzò la prima cosa che notò fu che tra le mani reggeva un bastone da passeggio con il pomello d'argento raffigurante una testa di levriero.

Quella sera il suo legame con la terra d'origine della sua famiglia divenne indissolubile.

Nella mente di Corallo risuonano ad una ad una le parole del nonno che con una nota di orgoglio nella voce fece le presentazioni:

- Cumpari Nino, vi presento mio nipote Domenico. Domenico ho l'onore e il piacere di presentarti Don Antonio Montano.

Capitolo 24

15 agosto 2014

- Si accomodi Herr Wazinski.

- Grazie dottor Corallo, la sua ospitalità è squisita.

- Customer service lo chiamano qui in Australia. Purtroppo non parlo il tedesco e non posso tradurlo nella sua lingua. Gradisce un caffè, una bibita, forse un liquore?

- Perché no? Adoro la vostra sambuca, a casa mia e nel mio ufficio a Düsseldorf non manca mai. Magari on the rocks, grazie.

Corallo fa un gesto a Ferrigno, rimasto appartato alle spalle dei due uomini, il quale molto discretamente, avvicinatosi a un mobile bar, mette due cubetti di ghiaccio in un bicchiere e versa il liquore all'anice.

Il padrone di casa attende che il suo interlocutore si sia accomodato ed abbia tratto un sorso della bevanda alcolica prima di rivolgergli nuovamente la parola:

- Dunque Herr Wazinski, la mia segreteria mi ha comunicato che lei ha bisogno della consulenza del nostro gruppo per un trasporto marittimo. I nostri contatti le sono stati forniti da Satukavarna, nostro consulente finanziario, con cui la Xildelwerk Gmbh, che lei rappresenta, è in affari.

- Esattamente.

- Guardi, le confesso che il fatto che lei abbia deciso di intraprendere il lungo viaggio da Düsseldorf a Sydney per parlare con noi di una faccenda che avrebbe con tutto comodo potuto sbrigare dal suo ufficio, mi ha lusingato, certo, ma allo stesso tempo incuriosito.

- Potremmo rimanere soli per questa conversazione, dottor Corallo?

- Non si preoccupi, Ferrigno è una persona assolutamente fidata e del resto è lui che si occuperebbe della logistica qual ora si arrivasse a un accordo.

- Vede dottor Corallo, il motivo del mio lungo viaggio fino a qui è che non si tratta di un trasporto qualunque.

L'uomo d'affari tedesco, un bel signore sulla sessantina dal fisico integro e dall'abbigliamento impeccabile, rimane in silenzio per una ventina di secondi e strofinandosi il mento prominente sembra cercare le parole giuste per esporre i termini della faccenda.

- La Xilderwerk è un'industria leader nella sbiancatura di carta e tessuti. Un processo di lavorazione abbastanza noioso, mi creda, non mi dilungo. Quello che però lei deve sapere è che richiede l'utilizzo di certi cloruri che in una determinata fase della lavorazione producono un particolare tipo di diossina, la TCDD. Quella del disastro di Seveso per farle un esempio a voi vicino, che è altamente tossica. Mi segue fin qui?

- Vada pure avanti.

- Naturalmente il TCDD non può essere liberato nell'ambiente e viene raccolto in apposite camere stagne e poi grazie all'utilizzo di operai-robot, stoccato in fusti di ghisa appositi prima dello smaltimento. La produzione annuale di queste sostanze, per quanto ci riguarda, ammonta a circa duemila tonnellate. Ora la tossicità della sostanza richiede, stando alle norme della Comunità Europea, che dopo essere stata stoccata nei fusti venga presa in consegna da apposite aziende europee altamente specializzate e distrutta con un procedimento chimico che non provochi inquinamento atmosferico. Tale procedimento è altamente costoso, parliamo di migliaia di euro a tonnellata, e per la fase finale di smaltimento, la Xilderwerk spende circa sette milioni di euro l'anno.

- Venga al dunque, Herr Wazinski, prego.

- Certo, certo, veniamo al dunque. Alcune settimane orsono Satukavarna mi accennava al fatto che la Corallo Enterprise potrebbe occuparsene e che sarebbe verosimile per noi aspettarsi un costo inferiore a quello che paghiamo di solito. Ed eccomi qui.

- E noi le siamo grati per aver seguito il suggerimento di Satukavarna e siamo certi di poter soddisfare le vostre esigenze. Certo il fatto di dover ultimare il procedimento in Europa fa salire i prezzi in maniera considerevole. Noi potremmo occuparcene perché la nostra rete logistica ha ramificazioni nei cinque continenti. Dico questo perché se si vogliono abbattere i costi bisognerebbe affidare il procedimento ad aziende extra-europee.

- Ma i controlli in Germania...

- Appunto, aziende di Paesi dove le norme sono meno rigide, lei mi capisce. Per esempio abbiamo stretti contatti con aziende indonesiane altamente specializzate nello stoccaggio e nella successiva riutilizzazione, o distruzione che sia, di materie tossiche. Inclusa la TCDD. Tenendo conto, è ovvio, di tutte le cautele che la pericolosità della sostanza richiede e con il rilascio finale di certificati internazionali di corretto utilizzo delle materie da voi affidateci.

- Ecco dottor Corallo, quest'ultimo aspetto, quello burocratico se vogliamo dire così, è importante, fondamentale direi. Lei capisce, la Xilderwerk ha una reputazione internazionale e tale, mi scusi se lo sottolineo, deve rimanere. Neanche il più piccolo dubbio sulla correttezza delle procedure deve sorgere, lei concorda. E mi scusi se vado al nocciolo, sa tra noi uomini d'affari, il prezzo di tale operazione?

- Il prezzo varia dal tipo di servizio richiesto. Possiamo occuparci della logistica con un pacchetto "tutto incluso" che significa che i nostri autotreni prelevano i fusti a Düsseldorf, li trasportano a Gioia Tauro dove essi vengono imbarcati su una porta container di proprietà di un armatore giavanese ma battente bandiera panamense, che li consegnerà alla ditta incaricata a Jakarta. Oppure possiamo lasciare a voi il trasporto iniziale, con destinazione la Calabria e da lì prendere i fusti in consegna e organizzare il trasporto per la destinazione finale e la consegna. Nella prima ipotesi, pur non essendo ora in grado di scendere in dettagli, siamo nell'ordine dei cinque milioni di euro. Se invece vi occupaste voi della tratta Germania – Italia, quella più rischiosa per così dire, si potrebbe abbattere il costo di un altro milione e mezzo.

- Ma... e la documentazione? E per i pagamenti?

- Della documentazione ci occuperemmo noi sia che si prenda in consegna il carico in Germania, sia che ci venga consegnato in Calabria. Naturalmente, lei capisce, la documentazione farebbe riferimento al TCDD solo per il trasporto in Calabria. Così siamo in regola con le stringenti norme dell'Unione Europea. Una volta volta che la nave sarà in acque internazionali, dalla documentazione risulterà che i fusti contengono sostanze di poca o nulla tossicità. Quanto ai pagamenti, per i quali possiamo concedervi una rateizzazione, diciamo in due tempi, essi vanno effettuati seguendo un preciso percorso finanziario che fa capo proprio a Satukavarna e al suo gruppo indonesiano. I particolari vi verrebbero comunicati a seguito della firma del contratto: diciamo metà prima della presa in consegna e metà a compimento del lavoro.

- Direi che la sua è una proposta interessante. Soprattutto se la merce viene prelevata negli stabilimenti a Düsseldorf. Ma è il costo che mi lascia ancora un po' perplesso, scusi la franchezza.

- Mi dica Herr Wazinski.

- In tutta onestà con Satukavarna non si è neanche accennato ai costi ma ad ogni buon conto sappia che la dirigenza mi ha dato carta bianca per questa operazione. Personalmente, in tutta schiettezza, reputo che 2.500 euro a tonnellata sia un prezzo eccessivo. Ritengo – aggiunge il businessman tedesco allargando le braccia e sorridendo accomodante – che l'affare si potrebbe chiudere a 1.750 euro per tonnellata con piena soddisfazione di tutte le parti.

Sul viso di Corallo si disegna il sorriso del pescatore che sa che pesce vuole fare abboccare e ha pronta l'esca appropriata.

- Per quella cifra, Herr Wazinski, dovremmo con nostro rammarico, rinunciare all'affare – afferma, mentre accenna ad alzarsi.

- Prego dottor Corallo, abbiamo appena iniziato la discussione... voi italiani siete così impulsivi, così amanti del dramma. Adoro l'Opera, mi creda, ma qui stiamo parlando di milioni di euro.

Corallo si riaccomoda e guarda fissamente il tedesco:

- Ci sarebbe una soluzione intermedia che potrebbe soddisfare, come lei afferma, tutte le parti. Una mediazione di alto livello come la sua non può e non deve essere ricompensata semplicemente con un banale bonus dirigenziale di fine anno quindi le propongo quanto segue.

Una pausa studiata ad arte per invogliare il pesce ad annusare l'esca. Il quale pesce annusa e sembra gradire.

- Mi dica Corallo.

Quando si fanno affari di questa rilevanza economica, le formalità perdono gran parte della loro importanza. Domenico, pur non facendone alcun cenno, ha notato che il suo interlocutore ha tralasciato il "dottor" usato fino a quel momento.

- Diciamo che la Corallo Enterprises, come accennavo, potrebbe fatturare alla Xilderwerk cinque milioni per l'intero servizio logistico e di smaltimento. In seguito, una volta ricevuta la seconda tranche del pagamento, girerebbe 500.000 euro su un proprio conto presso una filiale luganese di una banca di cui abbiamo piena fiducia. Naturalmente le verrebbero comunicati tutti i codici necessari per disporre, diciamo nel giro di un anno, dell'ammontare. Che gliene pare, Wazinski.

- Sembrerebbe un'ottima soluzione – conferma Wazinski – ma ci sarebbe ancora un particolare da limare.

- Sentiamo – ribatte Corallo.

- I 500.000 euro, se non ci sono controindicazioni vostre, preferirei che fossero girati presso una banca di mia scelta.

Però, pensa Corallo con un lieve sorriso di apprezzamento, il crucco se li sa fare i conti.

- Nessuna controindicazione Wazinski. In questo caso però dovremo richiedere la cortesia di garantirci con una ricevuta, lei sa com'è, una cosa privata, tra galantuomini. È d'accordo?

- Perfettamente.

Mentre sorride per il suo pesce oramai all'amo, Corallo si alza, gira intorno alla scrivania e con la mano tesa si dirige incontro a Wazinski che in contemporanea si è alzato e si avvicina per stringergliela.

- È un piacere lavorare con lei dottor Corallo.

- Il piacere è tutto mio Herr Wazinski. Ferrigno prenderà contatto, diciamo tra una settimana, con la sua segreteria che lei, nel frattempo, si sarà premurato di avvertire, siamo intesi?

 - Totalmente.

- Ero certo che saremmo giunti a un agreement e ho infatti disposto per il resto della sua permanenza a Sydney. Un'auto la attende in garage con un nostro collaboratore che, se non le dispiace, le sarà al fianco con tatto fino alla sua partenza, pronto a soddisfare ogni sua esigenza.

- Non si doveva disturbare ma accetto lusingato la sua cortesia.

I due si salutano ancora una volta e Wazinski, accompagnato da Ferrigno, lascia il lussuoso ufficio. Un attimo prima di chiudere la porta il tirapiedi dà uno sguardo al suo boss. Questi gli fa con un dito cenno di ritornare, una volta sbrigata l'incombenza.

Passa qualche minuto, infatti, e Ferrigno, dopo aver picchiettato con discrezione alla porta, fa nuovamente ingresso nell'ufficio.

- Dimmi Micu.

- Chiama Satukavarna, usa una di quelle simcard che sai, quelle kosovare. Digli di allertare Nermantayo che prepari una bagnarola da dieci, massimo quindicimila tonnellate da mandare a Gioia Tauro. O se ce l'ha già lì in zona ancora meglio, risparmiamo sui costi. Diciamo in quattro o cinque settimane. Io poi chiamo in Calabria per aggiustare la cosa.

- Altro?

- Sì. Dobbiamo fare il giochetto con 'sta nave, serve una copertura. Chiama Gino a Melbourne e gli dici di fare l'ordine grosso per la Food ITA Supplier, pelati, vino, mozzarelle, aceto, pasta tutto quello che serve ma in grande stile, hai capito? Poi chiami Arturo a Perth e gli dici che abbiamo una partita di marmi e graniti misti, tutta roba lavorata a Carrara e che gli facciamo un prezzo da amico. Io poi mando un paio di mail in Italia per sistemare tutto là.

- E con la nave cosa facciamo?

- Semplice: scarichiamo a Mogadiscio marmi e alimentari che poi imbarcheremo su un'altra nave per Melbourne. E quella con i fusti la mandiamo a Bouganville, ché lì abbiamo conoscenze molto in alto, militari, amici nostri. Dietro giusto compenso, con i loro camion portano i fusti in una miniera di rame abbandonata e li seppelliscono, ecco cosa facciamo. Ci penserà poi Nermantayo a disfarsi del vascello, lo paghiamo apposta no?

Capitolo 25

7 febbraio 2015

- Domenico tu lo sai, non è che io sia proprio alla mia prima esperienza con le donne ma...

- Ti sei divertito ieri sera Magarti, dimmi la verità? - chiede Corallo ridendo.

- "Mamma mia" come dite voi italiani, che temperamento, che grinta! Una vera tigre, mi ha steso, l'ho dovuta mandare via. E faceva l'offesa anche. Ha voluto la limousine per andare a casa e prima di uscire ha frugato in tasca, s'è presa i contanti che c'erano, almeno un migliaio di dollari e il sacchettino con la polvere. S'è portata via tutto.

- Della polvere me ne fotto, ma i soldi glieli faccio restituire, l'avevamo già compensata generosamente.

- Ed io che pensavo si fosse innamorata di me - ribatte ironico l'asiatico.

Corallo e il suo socio indonesiano Sutakavarna stanno conversando amabilmente mentre sorseggiano un Remy Martin Louis XIII.

Bussano discretamente alla porta e Ferrigno fa la sua comparsa.

- Bene, ecco Gianni, prenditi da bere e siediti. Magari la figa adesso lasciala stare: dobbiamo parlare d'affari.

- A disposizione, come tu mi insegni "meglio comandare che fottere"!

- Appunto! Allora dobbiamo parlare di due cose. Per la prima ci sono in ballo una quindicina di milioni di dollari, da pulire, che vengono da un affare nostro interno di speed. I soldi sono di Adelaide e di Perth e in minima parte di Melbourne. Noi prendiamo il dieci per cento sulla transazione. Bisogna metterli tutti sulla borsa di Shanghai. Tu già lo sai, quando puliamo ci sta che il giochetto risulti in perdere. Senza esagerare però. Noi ti giriamo i quindici milioni a Jakarta, il grosso via banca e gli spiccioli con Western Union. Tu li pulisci a Shanghai e, diciamo, tempo un paio di settimane...

- Anche meno, Domenico.

- Prenditi il tuo tempo, ma fai le cose per bene. Tempo un paio di settimane dicevo, ne giri... diciamo cinque e mezzo su ognuno di quei due conti alle Cayman che sai.

- E per noi?

- Un milione e mezzo, sette e cinquanta a testa. Però vorrei rifare il business delle pasticche indonesiane, ti interessa?

- Con Hermawan? Sì mi interessa, si è guadagnato bene l'ultima volta.

- Appunto. Cinquecentomila vanno per le spese, solite rotelle da ungere, e il resto lo porti in contanti a Palembang e lo giri al tuo amico. Il carico dev'essere qui entro la fine di marzo. Ti piace la canzone?

- Uno splendido ballabile, se Hermawan non fa storie.

- Se Hermawan fa storie tu ricordagli che a Kebayoran Baru, nel quartier generale della polizia, abbiamo delle ottime conoscenze e gli dici che a certi livelli anche noi calabresi siamo autorizzati a fare gli infami.

- Va bene, lui capirà. Aspetto direttive. Ma accennavi a un altro affare.

- Sì ma qui devo fare una piccola premessa. Tempo fa per un affare di avorio siamo entrati in contatto con mister Wang, un importatore di Hong Kong e con mister Longosiwa, che come copertura fa l'albergatore a Malindi, in Kenya, ma in effetti traffica in avorio, animali vivi da esportare, safari per ricchi americani che possono sparare agli elefanti, ai rinoceronti e via dicendo. Roba buona per i denti di quei coglioni del WWF.

- E noi come ci entriamo?

- Calma Magarti, calma, ora ci arrivo. Wang importa moda e design dall'Italia per i miliardari cinesi ma quello è solo fumo negli occhi.

- Fumo negli occhi?

Corallo e Ferrigno si scambiano un'occhiata e sorridono.

- Fumo negli occhi è un'altra espressione italiana che sta a significare che la tale attività serve unicamente a distogliere l'attenzione dalla sua vera attività.

- Che sarebbe?

- Le scommesse online. Wang ha un giro globale di scommesse che vale dai centocinquanta ai duecento milioni di dollari l'anno, mi spiego?

- Caspita, sono cifre importanti. Ma come combini un imprenditore delle scommesse con un kenyano che organizza safari per miliardari americani?

- Si dà il caso che Longosiwa abbia ottime conoscenze nella federazione kenyana di atletica. Tu sai che i kenyani in certe specialità sono imbattibili no?

- Nella corsa, le distanze lunghe, diecimila, maratona...

- Ecco vedi. Ma ascolta, si dà anche il caso che dal 22 al 30 agosto a Pechino ci saranno i campionati del mondo di atletica.

Sul viso di Sutakavarna si disegna un'espressione intenta, come di chi stia facendo a mente dei calcoli aritmetici; un'espressione che dopo una decina di secondi si apre in un sorriso a trentadue denti:

- Quindi noi...

- Esattamente! Ecco perché mi piace lavorare con te Magarti, perché, come dire, previeni.

- Ma io...

- Noi abbiamo già fatto sapere a Wang che un nostro intermediario prenderà contatto con lui e definirà i dettagli. Una volta stabiliti questi, bisognerà fare un salto a Nairobi.

- Ma a Nairobi come...

- Ci penserà Wang stesso a contattare Lungosiwa e offrigli una parte nell'affare. Una parte sostanziosa, convincente. Tu sarai il suo, il nostro, emissario. Toccherà poi all'africano convincere, naturalmente dietro sostanziale risarcimento per il mancato alloro sportivo, il tale o tale altro atleta a rallentare o addirittura ad essere colto da crampi nella parte finale della maratona. Naturalmente, con il sistema messo in piedi da Wang, noi interverremo solo a un certo punto della gara e punteremo sull'atleta non favorito per la vittoria o per il piazzamento, semplice no?

- Sì ma Wang?

- Wang farà esattemente lo stesso. E terrà il ricavato per le sue spese di gestione. In aggiunta avrà dalla sua, diciamo per l'azienda, il vantaggio di aver ripulito le tasche decine di migliaia di fessi.

- E quanto vale il viaggetto in Africa?

- Avido, te lo dico sempre che sei avido! Dovremo rompere il salvadanaio per fare l'investimento ma se ho fatto bene i conti direi sui sei, sette milioni da dividere con Wang, caro amico e il dieci per cento della nostra metà te li metti in tasca tu. Puliti e in contanti. Decidi tu se li vuoi a Nairobi, nel caso volessi reinvestirli in Africa oppure quando sei di ritorno li trovi qui in mazzette da cinquecento euro che puoi infilare nella tua valigetta diplomatica e portare con te nella giungla indonesiana. Naturalmente il soggiorno là è a carico mio e del cinese...tutto compreso, ça vas sans dire, caro il mio mandrillo - conclude Corallo sorridendo al compare mentre strizza l'occhio a Ferrigno.

Capitolo 26

5 aprile 2015

Abituati come siamo, in quanto convinti di essere il centro esatto dell'universo, a pretendere il massimo sempre e solo per noi stessi -e questo, detto per inciso, aldilà della latitudine presso cui viviamo, della nostra etnia, del nostro credo religioso, gusto sessuale o disponibilità economica - conduciamo la nostra esistenza aspettandoci che essa venga facilitata dalla Fortuna. Ecco perché chi per il lavoro, chi per l'andamento delle proprie relazioni, chi per la salute, chi per tutta una serie di altri motivi, tutti quanti abbiamo, o crediamo di avere, un credito con la dea bendata, piccolo o grande che sia.

Prendiamo Turano ad esempio: è innegabile che fino a quel 4 aprile 2015 la buona sorte lo aveva abbondantemente favorito. Un'infanzia serena circondato da genitori e sorelle che gli volevano bene; una gioventù che qualcuno potrebbe definire un po' scapestrata ma comunque prodiga di tutte quelle cose che a quell'età non debbono mancare e senza grossi guai; anche in occorrenza dell'incidente di percorso che a ventisei anni lo aveva reso padre era stato fortunato, avendo messo incinta una ragazza di cui era innamorato e che continuava ad amare a distanza di quasi trent'anni.

Certo, Carmine avrebbe potuto recriminare contro la sorte che, a causa dell'imprevisto appena detto, lo aveva praticamente costretto ad accettare quel lavoro pesante.

In cuor suo però, sapeva che l'unico che poteva biasimare era se stesso.

Perché a nessuno, se non a se stesso, potevano essere imputati la sua riluttanza quando si trattava di affrontare certi ostacoli, la sua scarsa propensione ad impegnarsi per ottenere un miglioramento della sua posizione sociale ed economica e, in una parola, la sua superficialità.

D'altra parte, e a suo merito, bisogna dire che aveva preso e mantenuto con estrema serietà per tutti quegli anni l'impegno nei confronti della moglie e dei suoi figli, che aveva amato e amava affettuosamente.

Turano quindi, facilone di suo e senza porsi troppe domande, pensava che fosse stata la buona sorte a fargli conoscere Domenico Corallo, colui che gli aveva offerto quel lavoro.

Non è dato sapere se è di destino benigno si era trattato; quello che sappiamo però è che quel 5 aprile 2015 esso si riprese tutto quello con cui fino ad allora aveva favorito Carmine, e se lo riprese con gli interessi.

Ecco come andarono i fatti.

La giornata non era iniziata nel migliore dei modi: uscendo per recarsi in banca e poi in ufficio, Carmine aveva trovato il passo carraio che portava al garage ostruito da un ramo di eucalipto, crollato la notte precedente a causa del forte vento, abituale in autunno a Sydney. La ditta di giardinaggio interpellata, non avrebbe potuto intervenire prima del pomeriggio e non potendo quindi far uso della sua macchina, era stato costretto a chiamare un taxi per i suoi spostamenti. La cosa, unita al pensiero delle spese extra da sostenere per sbarazzarsi del ramo, gli aveva procurato una certa irritazione.

In banca poi, il direttore Fitzpatrick, ringalluzzito forse dalle prime sorsate mattiniere di doppio malto, lo aveva fatto innervosire con i suoi ostinati rifiuti a concedere un prestito che Corallo definiva molto importante, da ottenere ad ogni costo. La discussione era andata avanti per quasi un'ora. Alla fine Turano, spazientito, aveva finto rammarico nel vedersi costretto a riferire al suo capo il rifiuto del dirigente pavesando il diretto intervento di Corallo per dirimere la questione. A questo punto Fitzpatrick, fingendo di essere riuscito a trovare una scappatoia contabile, aveva ceduto e concesso il finanziamento.

Parzialmente rinfrancato da come l'incontro si era concluso, Carmine, arrivato in ufficio e dopo il caffè ristretto, si era prima immerso nella consueta lettura dei quotidiani in internet dedicando poi la sua attenzione alle carte dell'amministrazione che Varrapodi lasciava impilate ogni giorno sulla scrivania in attesa della necessaria firma per la quietanza.

Erano da poco passate le tre del pomeriggio quando un discreto bussare lo aveva distolto dal suo lavoro. Era Violante:

- Che c'è Giuseppe?

- Scusa il disturbo Carmine, ma abbiamo un problema giù nella sala giochi.

- Il solito poveraccio che ha perso tutto e minaccia di suicidarsi?

- Al contrario: una signora di una certa età che ha fatto saltare il jackpot, sono circa sedicimila dollari. Ora esige che le siano versati subito e in contanti.

- Sedicimila subito si può fare, in contanti non se ne parla neanche. Ma di queste faccende non se ne occupa Gianni Ferrigno? Chiamalo e falla sbrigare a lui.

- Gianni è in una saletta privata che parla con un certo Coleman, il capo dei Bullhornes, la banda di motociclisti. Mi ha detto di non disturbarlo per nessun motivo.

A queste parole l'antico astio che Turano prova per Ferrigno riaffiora: non si spiega il perché dell'arroganza di colui che, almeno in teoria, è un suo sottoposto. Il fatto che egli abbia delegato a lui ogni incombenza senza neanche consultarlo prima, fa traboccare il vaso ormai colmo, dopo gli avvenimenti sfavorevoli fin qui oggi accadutigli, e finisce per farlo incazzare.

- Ora vado io e vediamo se lo dice anche a me di non disturbarlo per nessun motivo – afferma con una certa irritazione nella voce – in che saletta è?

- Nella Rialto.

- Però: niente finestre né telecamere, andiamo bene. Torna pure a tranquillizzare la signora, Giuseppe, dille che teniamo molto al customer service e che tempo cinque minuti il manager sarà lì con lei e risolverà la faccenda con sua piena soddisfazione.

I due uomini escono dall'ufficio dirigenziale: Violante prende l'ascensore per scendere nella sala delle slot machines mentre Turano imbocca la scala che lo porterà al piano superiore.

Già percorrendo il corridoio le voci di Ferrigno e Coleman gli giungono concitate. Carmine si avvicina alla porta della saletta privata e si ferma in ascolto:

- ...cinquantamila pastiglie di ecstasy, Ryan, e fino a ora ne hai pagate ventimila. Sei in ritardo di tre settimane con la scadenza, non è che ti sei messo in testa qualche strana idea?

- Nessuna strana idea Gianni, il mercato è quello che è e l'intervento della polizia a quel rave party a Homebush ha scombussolato tutto. I cavalli hanno detto che è necessario darsi una calmata per qualche tempo se non vogliamo rischiare di far saltare tutto.

Nell'udire quelle parole Turano si sente mancare l'aria. Qui non c'è più spazio per supposizioni, queste sono affermazioni chiare e non interpretabili che svelano la vera natura dell'azienda per cui lavora: il Pink Lady è una copertura legale per attività che di legale non hanno proprio nulla e lui, Carmine Turano, ne è ufficialmente il responsabile, colui che firma le carte.

- Ma in che cazzo di casino mi sono andato a mettere? – si chiede mentre la consapevolezza di essere finito nei guai fa crescere in lui una tensione sempre meno tollerabile, che ben presto si trasforma in paura. Turano capisce di essere sull'orlo di un parossismo nervoso.

Ma qui il confronto tra i due incalza drammaticamente e la voce di Ferrigno si è fatta, se possibile, ancora più aspra:

- Rave o non rave, polizia o meno, qui, stronzo, sono in ballo centinaia di migliaia di dollari. Noi qui facciamo affari e per concludere affari i soldi devono girare. Un prestito, una colletta, fai un po' quel cazzo che ti pare Ryan, ma entro una settimana devi liquidare tutto altrimenti...

- ...altrimenti cosa? Mi stai minacciando?

Si sentono dei rumori, come di seggiole trascinate sul pavimento e poi abbattute. Quando torna il silenzio, è Ferrigno a parlare per primo, il suo tono è tanto deciso quanto gelido:

- Ascoltami bene motherfucker... hai una settimana per saldare tutto, non un giorno di più. Cerca di essere puntuale se non vuoi che i Bullhornes celebrino il funerale solenne del loro vecchio capo e subito dopo festeggino l'acclamazione di quello nuovo, mi sono spiegato?

- Gianni... Gianni, abbassa quel ferro... non fare cazzate.

- Lo vedi il silenziatore, pezzo di merda? Ti faccio un buco nel cervello senza fare il minimo rumore e poi ti faccio sparire e nessuno saprà più niente di te, mi sono spiegato? E non contare su una qualunque vendetta, una indagine o cazzate simili, la 'ndrangheta non lascia prove dietro di sé, chiaro?

Nell'udire quella parola, 'ndrangheta, il velo si squarcia e Turano, che non è un mostro di temerarietà, è ora sovrastato, praticamente annichilito dalla consapevolezza di avere a che fare con dei criminali incalliti.

Riaffiorano le antiche parole di suo padre:

- Da quell'intreccio – diceva il vecchio – da quel casino si esce solo per morte naturale. Oppure violenta.

La curiosità lo spinge a chinarsi e ad appoggiare l'occhio al buco della serratura: la scena a cui assiste pare confermargli le parole del genitore.

Gianni Ferrigno ha una ferita all'arcata sopraccigliare sinistra che sanguina abbondantemente. Il braccio destro è teso e impugna una rivoltella puntata alla testa del capo dei bikers. La sua espressione selvaggia denuncia assoluta risolutezza nel portare a compimento la sua minaccia.

Ryan Coleman è in ginocchio con le braccia stese lungo i fianchi e i pugni chiusi, a denotare l'impotenza di fronte a quella minaccia, a quell'arma puntata sul suo viso. Ma i suoi occhi esprimono odio e le sue labbra, atteggiate a un sorriso sarcastico, paiono essere una sfida impavida, quasi oscena alla superiorità del suo avversario.

- Hai capito figlio di puttana… una settimana. E dopo che hai pagato sistemiamo anche questa – conclude Ferrigno riferendosi alla ferita, che intanto va tergendo dall'abbondante emorragia.

È un attimo: a Coleman pare di poter approfittare di quella distrazione per prendere il sopravvento su chi lo sta minacciando. Scatta nella sua direzione ma non fa in tempo ad aggredirlo. Ferrigno infatti indietreggia di un passo e con la massima freddezza esplode un colpo, un "plop" attutito dal silenziatore, che va a conficcarsi nella fronte di Coleman fuoriuscendo dalla nuca e spalmando sulla parete retrostante sangue e frammenti di materia grigia.

La vittima si accascia al suolo istantaneamente. Il povero Turano reprime a stento un paio di conati di vomito e rialzatosi con cautela, tremando, si allontana a lunghi passi con la ferma risoluzione di varcare il portone a vetri d'ingresso del club e non rientrarci mai più.

Capitolo 26

Capitolo 27

6 aprile 2015

- Come sarebbe a dire? - sbotta Corallo incredulo, il tono della voce alterato dalla collera.

- Ho anche sorvegliato la casa ieri sera e lui non è rientrato - spiega Ferrigno - è sparito.

Nell'angolo opposto Violante, in piedi, ascolta con lo sguardo chino a terra.

- Gianni, adesso basta! Che un carduni cagasotto e attaccato ai soldi come Turano sparisca improvvisamente dalla circolazione senza un motivo apparente, non è credibile. Adesso tu ti siedi e mi racconti dettagliatamente i fatti. Perché è successo qualcosa vero? Avete litigato? L'hai forse minacciato?

- Ma che minacciato, io ieri non l'ho neanche visto quando è arrivato in ufficio. So che era più tardi del solito, Varrapodi ha detto qualcosa a proposito di un albero caduto 'nto driveway, ma io non l'ho visto per niente.

Anche se in maniera quasi impercettibile, Ferrigno inizia a manifestare un certo nervosismo e la cosa non sfugge all'occhio attento di Corallo.

Egli si rivolge allora all'altro suo dipendente:

- Giuseppe raccontami di nuovo cosa è successo.

Violante, sguardo sempre chino, inizia a ripercorrere quei pochi minuti che hanno preceduto la scomparsa di Carmine:

- Dunque c'è stata la vecchietta...

- E alza 'sti occhi cazzo, guardami in faccia quando mi parli.

- Scusa Domenico - balbetta quasi Violante - è per rispetto a te. Allora c'è stata la vecchietta che ha svuotato il jackpot e voleva i soldi, sedici-mila dollari, tutti subito e in contanti. Il cassiere, non trovando Gianni ha chiamato me. Io non glieli potevo dare e siccome Gianni era impe-gnato, sono andato a chiedere a Carmine cosa dovevo fare.

- Eri impegnato Gianni? E cos'era questo impegno inderogabile che ti impediva di essere al tuo posto di responsabilità, forse ti stavi facendo fare un pompino da una delle cameriere?

- Ma che pompino e pompino - ribatte Ferrigno con tono adirato, quasi aggressivo. Si volta e fissa Violante con uno sguardo carico di disprezzo da cui però traspare già un certo timore.

Domenico nota lo sguardo ma incurante di esso continua a interrogare il suo timoroso aiutante:

- Quindi tu sei andato da Carmine e gli hai chiesto di intervenire giu-sto?

- Sì Domenico.

- Alza gli occhi ti ho detto! E poi?

- Ha detto che era Gianni che doveva sbrigare la faccenda, che era affar suo e mi ha suggerito di andarlo a chiamare.

- E tu?

- Io gli ho detto che Gianni era salito nella Rialto con Coleman ma prima mi aveva ordinato di non disturbarlo. Carmine sembrava incazzato. Sarebbe andato lui a parlargli, ha detto, e mi ha mandato a tranquillizzare la vecchietta assicurandola: tempo dieci minuti la cosa si sarebbe risolta.

Il volto di Domenico si contrae in maniera impressionante, le mascelle si serrano e un tic nervoso gli provoca un leggero tremolio al labbro inferiore. Le sue palpebre si abbassano con il passare dei secondi fino a formare due fessure strettissime. Uno sguardo sprizzante furore represso, va a posarsi su Ferrigno. Questi, a sua volta, abbassa gli occhi a terra e il suo corpo si appiattisce contro la spalliera della poltrona, suggerisce la difesa.

- Giuseppe, al contrario di te, mi teme troppo per mentire e quindi gli credo. Quindi poco prima che Carmine prendesse la macchina e si allontanasse dal club, ha chiesto di te, giusto?

- Giusto - afferma Ferrigno agitandosi sempre più vistosamente sulla poltrona.

- Fammi capire Gianni: dunque Giuseppe lo va a chiamare per quella faccenda della vecchietta. Carmine gli ribadisce chi la deve sbrigare e lo esorta a venire a riferire a te. Lui però gli spiega che tu sei nella Rialto e non vuoi essere disturbato. A questo punto Carmine si incazza e lo tranquillizza dicendo che ora sarebbe venuto lui a cercarti; poi rimanda giù Giuseppe a tranquillizzare la vecchietta: quadra?

- Quadra.

- Bene. E ora dimmi Gianni: per quale motivo non dovevi essere disturbato?

- Be' Domenico, tu lo sai, certe cose...

- Che cose Gianni?

- Quel Coleman - ribatte Ferrigno voltandosi intenzionalmente verso Violante.

- Giuseppe, grazie per il resoconto dettagliato. Scusami ora ma devo chiederti di lasciarci soli per qualche minuto, Gianni e io abbiamo un paio di cose private da dirci. Però rimani nei paraggi: se ho bisogno di altri chiarimenti ti faccio chiamare.

Violante si alza, apre la porta e senza dire una sola parola esce richiudendola dietro di sé.

Corallo lascia trascorrere una decina di secondi poi esplode:

- Cosa hai combinato, testa di cazzo?

- Quella partita di ecstasy... era in ritardo...

- E tu, che sei uno che ha i coglioni, l'hai minacciato, vero?

- Ma Domenico, lo sai che...

- Rispondi alla mia domanda: lo hai minacciato?

- Sì, gli ho dato una settimana per saldare il conto.

- Ma come siamo efficienti sul lavoro, bravo - sbotta Corallo con sarcasmo - e magari l'hai minacciato con il ferro in mano, così, tanto per rendere la cosa più incisiva, vero?

- Con certa gente...

- Evita commenti: sì o no?

- Sì.

- E certo come potevi immaginare che una vecchietta del cazzo sbancasse il jackpot proprio mentre tu facevi il grand'uomo con Coleman; come potevi prevedere che la vecchietta volesse i soldi in contanti e subito; che un tuo sottoposto, perché Giuseppe quello è, avendo mandato di non disturbarti sarebbe andato a chiedere di cavargli le castagne dal fuoco addirittura all'amministratore delegato dell'azienda. Il quale giustamente si incazza, anche perché c'è ruggine con te da tempo...

- Ma Domenico...

- Non interrompere, stronzo.

A quell'ingiuria Ferrigno punta le mani sui braccioli della poltroncina e accenna ad alzarsi in piedi.

Corallo a sua volta reagisce aprendo un cassetto ed estraendo lestamente una pistola che mette bene in vista sul piano della scrivania.

A quella visione, Ferrigno sembra svuotarsi come un pallone bucato e si risiede all'istante.

- Allora te lo racconto io l'epilogo di questo tuo gran pomeriggio da coglione. Carmine manda giù Giuseppe a tranquillizzare la vecchietta e sale al piano superiore per venire a dirti, giustamente, il fatto tuo. Certo non può immaginare che tu, nella saletta privata, stai recitando la parte dell'uomo inflessibile; sale le scale, sente le voci concitate già dal fondo del corridoio, si avvicina, origlia, sente tutto e magari dà anche una sbirciatina dalla toppa e sai cosa vede?

- Vede... no, non è possibile - oramai Ferrigno balbetta dall'evidenza delle sue responsabilità.

- Vede un emerito pezzo di merda che lavora alacremente per mandare tutta la baracca a rotoli, ecco cosa vede.

- Ma Domenico... - accenna a ribattere Ferrigno in un estremo tentativo di giustificarsi. Corallo però non gli dà tregua, lo incalza:

- Cosa cazzo hai combinato Gianni? Hai sparato vero?

- Se non diceva niente, se stava fermo...

- Noooooo - scuote il capo incredulo Corallo.

- Ha reagito al mio ultimatum, ce le siamo date, lo vedi questo cerotto? Lui aveva una mano fuori uso. Ho tirato fuori la berta per spaventarlo, per portarlo...

- A più miti consigli - aggiunge sarcastico Domenico - e già che c'eri l'hai fatto fuori - conclude amaramente.

- S'è lanciato come per attaccarmi, non volevo sparare, quel colpo mi è partito.

Segue un silenzio che pare interminabile: Ferrigno, sulla poltrona, è annichilito dall'enormità dell'accaduto. Suda copiosamente e non riesce a trattenere un leggero tremito. Corallo, il braccio rigido, impugna il revolver e lo tiene puntato su di lui. I suoi occhi non si staccano per un attimo dal viso dell'altro, uno sguardo da cui traspare una rabbia sorda, tenuta a stento sotto controllo.

- Gianni, figlio mio: così mi ripaghi? Così ripaghi la mia fiducia?

- Ma quello si meritava... e io come facevo a sapere... non volevo... -tenta di giustificarsi Ferrigno.

- Ti ho fatto venire dal paesello per il rispetto che laggiù portano a tuo padre - continua Corallo sordo alle giustificazioni dell'altro -non certo per beneficenza, né perché volessi evitarti un destino che ti avrebbe visto fare carriera tra le capre che pascolano sulle alture dell'Aspromonte.

- Mi avevano parlato bene di te, che eri un ragazzo sveglio, che eri un ragazzo di comando, che avevi iniziativa ed esperienza.

- E credo di averlo dimostrato, no?

- È vero, devo ammettere che in parecchie occasioni hai dimostrato di essere all'altezza. Però hai un difetto grave Gianni: nei momenti in cui bisognerebbe sfoderare calma e discernimento, tu sfoderi la sette e sessantacinque. E come vedi fai dei danni. Danni gravi.

- Sbagli ne facciamo tutti: quello che chiedo è la possibilità di riscattarmi.

- Non interrompermi Gianni. Mi hai deluso, mi hai molto deluso. Una cazzata così non doveva farmela. Contavo su di te, sinceramente, ci contavo. Volevo farti diventare un signore, con la esse maiuscola, un uomo in grado di affrontare, valutare e risolvere ogni controversia con stile, con aplomb. Ma vedo che con te non è possibile, sei troppo sanguigno Gianni. Ho detto mille volte, sia nei discorsi seri, sia in allegria di fronte a un bicchiere di vino, che le cose, in casa mia, si ragionano, che una mediazione si trova sempre, che il botto delle pistole porta solo guai e attira troppo attenzione. È vero o no?

- È vero - balbetta quasi Ferrigno.

- E allora? Come ti sei permesso? Come hai potuto?

Domenico si alza, gira intorno alla scrivania e va a piazzare la Beretta a cinquanta centimetri dalla fronte di Ferrigno che istintivamente ritrae le braccia sul volto, come a difendersi.

- Ma Domenico io...

- No, non cercare di giustificarti, te lo dico io tu cosa, te lo dico io cos'è. È che non hai la caratura necessaria. È che sei cresciuto in mezzo a dei pecorai e pecoraio sei rimasto. Ti dico solo una cosa Gianni: se non ti ficco una pallottola in quella testa di cazzo che ti ritrovi non è per qualche sorta di remora, credimi.

Nuovamente Ferrigno, sovrastato dalle offese rivoltegli, accenna a una reazione.

- Fermo! Perché io so valutare le situazioni e rispetto le regole, le nostre regole, quelle su cui tu, agendo così, hai pisciato addosso. Ma se mi costringi così come tu hai fatto fuori Coleman io faccio fuori te.

Il tono di Corallo rimane incredibilmente calmo. Ferrigno ha perso tutta la sua consueta tracotanza: intravede il naturale epilogo di quello che il suo principale gli sta dicendo. Ferrigno ora ha paura.

- Non sono io che deciderò del tuo destino, ma quelli di fronte a cui hai giurato di non sgarrare su quelle regole.

- Domenico, ti prego, tu sei come un fratello maggiore per me, dammi un'altra possibilità. Non lo sa nessuno a parte noi due.

- Vedi che sei un coglione? - lo interrompe Domenico - lo vedi che non sai valutare le conseguenze di quello che fai? E se Coleman ha detto a qualcuno dove sarebbe andato? E se quel qualcuno va alla polizia e ne denuncia la scomparsa? Lo sai che era sposato con figli? Cosa pensi che farebbero gli sbirri? Te lo dico io: cominciano a fare domande, chiedono le registrazioni delle telecamere di sorveglianza, ci mettono le microspie, ci controllano i telefoni, mettono il naso negli affari miei, Gianni. E anche ammettendo che si riesca alla fine a sbarazzarsene senza andare a finire nei casini, nel frattempo mi tengono il fiato sul collo e io non posso muovermi come voglio. Tu sai cosa questo vuole dire? Milioni di dollari, milioni di dollari persi per una bravata.

La mano che impugna la pistola si avvicina ulteriormente al viso di Ferrigno, la presa è ferma, il braccio teso, immobile. Sul volto di Ferrigno prendono a scorrere lacrime di autentico terrore, sente che la sua vita è appesa a un filo.

Dopo un tempo interminabile, una quindicina di secondi, la mano armata si ritrae da quel viso sconvolto dalla paura:

- Apri bene le orecchie perché non ci sarà una seconda spiegazione: stasera col primo volo tu e Giuseppe tornate in Italia, prima che scoppi il bubbone. Se anche dovesse andare a schifio, io non sono coinvolto direttamente, non ero tenuto a sapere che un mio dipendente era in affari con un delinquente come Coleman. Lui sparito? Io nemmeno lo conoscevo e il mio dipendente, anzi lui e il suo diretto collaboratore, li ho pescati a fare la cresta sugli incassi e li ho licenziati. Per Kingshorn smontare un'accusa del genere sarebbe facile come bersi una birra. Piuttosto dimmi una cosa: il posto è pulito?

- A prova di luminol, Domenico. Il grosso l'ho tolto io, poi ho fatto venire la ditta e ho fatto pulire a fondo coi prodotti chimici. E per le videocamere non devi preoccuparti, l'ho fatto entrare dalla porticina sul retro, nessuno ha visto niente. Dopo il fatto ho preso la sua macchina e l'ho portata via. Carmelo giù a Smithfield l'ha già demolita e mandata alla fonderia.

- E il cadavere?

- Dentro la macchina, con la pistola.

- 'Azzo, quando vuoi ci arrivi però! Vai, muovi il culo ché intanto io faccio qualche telefonata al paese e vedo di congelare le cose almeno fino a quando non ritroviamo Turano. Tu sai cosa vorrebbe significare riuscire a metterci una pezza, vero Gianni?

- Sì Domenico, lo so - balbetta l'altro.

- Bene! Ora, prima di sparire c'è un'ultima cosa che devi fare e la devi fare tu perché, nel caso, la responsabilità ricada su di te, che nel frattempo sarai sparito dalla circolazione, capisci?

- Perfettamente.

- Turano ha sentito e forse addirittura visto quello che è successo, giusto? Se no non sarebbe scomparso così, senza motivo. Non possiamo lasciarlo in giro per troppo tempo, dobbiamo impedirgli che lo vada a raccontare a qualcuno. Quindi tu ora prendi tutti gli uomini e li sguinzagli. Due di loro, a turni di sei ore, li piazzi davanti a casa sua, fuori vista, e che non perdano d'occhio cosa succede. Gli altri in giro dove potrebbe cercare di nascondersi: gli amici, i parenti, la macelleria dove lavorava, l'associazione, il club del quartiere, dovunque potrebbe saltargli in mente di cercare rifugio. Qui c'è un cellulare, cambia la SIM card, prendine una nuova di quelle kosovare, poi riportamelo e dai il numero agli uomini. E che chiamino subito se succede qualcosa. Sono stato chiaro?

- Chiarissimo.

Corallo si alza, si avvicina a una Stockinger e ruotandone la manopola della combinazione la apre. Infila un paio di guanti bianchi, prende una busta gialla e in essa infila, prelevandoli dalla cassaforte, due mazzette di banconote da cento dollari:

- Sono diecimila. Il biglietto pagalo in contanti e viaggiate in economica, è meno appariscente. Il resto te lo lascio come liquidazione.

- Liquidazione?

- Te l'ho appena detto, ci vuole un motivo per la vostra improvvisa partenza per l'Italia. Tu, e Giuseppe, ufficialmente siete stati licenziati perché vi ho sorpreso a rubare sulle forniture. Tieni firma qui, sono le tue dimissioni.

- Ma è un foglio in bianco.

- Non ti preoccupare, poi lo faccio riempire da Varrapodi.

Dopo l'apposizione della firma e un breve ma significativo sguardo, Ferrigno accenna ad avvicinarsi per salutare il suo ormai ex datore di lavoro. Ma questi, con un breve cenno del capo e utilizzando la pistola per indicare la porta, lo liquida senza ulteriori gesti e neanche l'accenno di un saluto. Quello che entrambi pensano, è che il loro è un distacco definitivo.

Capitolo 27

Capitolo 28

6 aprile 2015

Le ultime dodici ore Corallo le ha passate occupato a organizzare una caccia all'uomo. La Madonna non voglia, ma in teoria potrebbe estendersi a tutta l'Australia.

Dopo il travagliato epilogo del suo rapporto con Ferrigno, questi era uscito per dare seguito agli ordini ricevuti.

Rimasto solo, il nostro imprenditore d'arrembaggio si è inginocchiato davanti a una statuina posta in una nicchia creata appositamente nel muro, una Madonna con bambino appunto, e ha iniziato a pregare la sacra effigie affinché le cose si aggiustassero presto e bene.

Ma dopo quell'attimo di intimità, si è seduto alla scrivania, da un cassetto ha preso un cellulare - non quello usato abitualmente - e ha fatto alcune telefonate parlando a tratti il dialetto calabrese che si usa sul versante jonico della provincia di Reggio.

Corallo ha poi digitato il numero interno della sala giochi e ha chiesto a Violante di salire subito da lui.

- Stasera tu e Gianni prendete il volo della Etihad per Milano. Poi lui prosegue per Reggio, tu invece ti fermi a salutare la Madunina. Dopodomani ti aspettano al mercato di via Lombroso, tu sai dove.

Nell'informarlo della sua prossima destinazione, gli ha passato una busta e gli ha fatto le stesse raccomandazioni fatte prima a Ferrigno e gli ha chiesto, ottenendola, la firma sul foglio di carta intestata dell'azienda. Giuseppe, avendo assistito a parte del burrascoso colloquio tra i due, può aver intuito che qualcosa di grave è successo. Senza fare commenti, però, ha intascato la busta con il denaro. Ha ringraziato il suo datore di lavoro, assicurandolo sulla sua puntualità all'appuntamento meneghino, lo ha salutato baciandone le guance ed è uscito dall'ufficio.

È stata poi la volta di Varrapodi ad essere convocato nell'ufficio del capo. Corallo gli ha spiegato che per impegni sopraggiunti con l'avviamento di un casinò a Port Vila, sull'isola di Vanuatu, Turano era già partito per l'isola del sud Pacifico e si sarebbe assentato per qualche giorno.

- C'è poi una cosa un po' delicata di cui ti devo dire.

- Mi dica Presidente.

- Sono perfino imbarazzato ad accennartene. In una parola ho beccato Ferrigno e Violante a chiedere a dei fornitori una percentuale sulle vendite che questi facevano al club. Li ho licenziati su due piedi.

L'accenno di sorriso che appare sul viso che Varrapodi, ha detto molto più di ogni parola sull'arrivismo del contabile, sulle speranze di avanzamento di carriera che quanto ha appena udito ha prodotto in lui. Infatti Corallo, lusingandolo il giusto, gli ha comunicato che toccava a lui mandare avanti l'ordinaria amministrazione del club durante l'assenza di Turano.

- Ma prima dovresti prepararmi due lettere di dimissioni a loro nome e portarmele qui per la mia firma.

Corallo passa al sottoposto i due fogli di carta intestata già firmati, chiedendogli di completarli:

- Mi raccomando, niente ghirigori: semplicemente le dimissioni... da oggi stessso... motivi personali... effetto immediato eccetera eccetera. Falle subito e portamele per la firma, grazie.

Domenico ha quindi chiamato il suo amico più fidato, quel Calogero Benvenuti che già abbiamo conosciuto nel corso della nostra narrazione e gli ha brevemente spiegato la situazione.

- E certo Domè, è un bel casino, Ferrigno adesso è bruciato...

- Appunto. E Violante è stato suo malgrado coinvolto all'inizio della storia, quindi li mando in Italia stasera stessa col primo volo. Gli uomini sono già in strada e sono in contatto diretto con me quindi io di qui non mi posso muovere, nel caso l'uccellino sia ancora in giro per Sydney. Cosa di cui dubito, se non è proprio scemo del tutto.

- Ma dove potrebbe andare?

- Intanto sono due giorni che non si vede. La casa è sorvegliata, la moglie è uscita un paio di volte, tutto normale dicono i ragazzi, ma lui è sparito. E dopo i fatti recenti non posso certo mandare a chiedere se sa dov'è il marito, visto che non viene in ufficio da due giorni? Le avrà raccontato delle balle, un viaggio nell'entroterra per motivi di lavoro.

- E allora Micu... come posso... considerami a disposizione.

- Per quello ho chiamato Cal, so di poter contare su di te. Ascolta, tu lì hai il polso della situazione, devi contattare tutti con urgenza, perché quello in teoria potrebbe essere dovunque e se riesce a cantarsela scoppia un casino. Ho bisogno che tutti i nostri agganci tengano gli occhi aperti, specialmente negli aereoporti, se si può anche quelli secondari. Mi serve una rete stesa, come una caccia di frodo, in cui il nostro uccellino inevitabilmente vada a intrappolarsi, mi spiego?

- Alla perfezione Domenico, conta su di me.

- Ma anche le strade, lo so è un'impresa quasi impossibile, ma è scappato con la macchina della ditta, potrebbe essere dovunque, specialmente sperso per 'ste campagne, ovunque. Più occhi e orecchie vedono e ascoltano, meglio è.

- Hai rispetto e reputazione da vendere, una mano non te la nega nessuno, qui.

- Poi bisognerebbe dare un piccolo avvertimento al fringuello. Niente di cruento, mi raccomando, la famiglia, cioè la moglie ché i figli studiano all'estero, non so bene dove, la moglie non si tocca. Un piccolo falò per scaldare queste serate autunnali, ci siamo capiti?

- Alla perfezione - conferma Calogero.

- E poi Cal l'ultima cosa: Sydney è grande e... sì, insomma, se potessi mandarmi qualcuno dei tuoi più fidati, per questo lavoretto e da associare ai miei per le ricerche, i turni di appostamento, insomma la caccia. Lo so che perdi incassi mandandoli, ma su quello non si discute neanche, le spese le copro io - lo assicura Domenico.

- Fai conto che siano già sull'aereo. Appena arrivano, il tempo di procurarsi il necessario per scaldare la notte alla vedova bianca e poi li piazzo su a King Cross in attesa di istruzioni.

- No, aspettiamo fino a domani mattina per il falò e non mandare i ragazzi a King Cross perché c'è 'na mezza discussione con Mahmoud il libanese e non voglio storie, non in questo momento. Sistemali nell'appartamento nuovo a Green Square, le chiavi le hai no? Digli che poi li chiamo io e gli dico come muoversi.

- Sì le chiavi le ho. Come vuoi tu Micu. Altro?

- No, per adesso nient'altro. Ti tengo aggiornato e... Calogero, per ora ti dico solo grazie.

- Vai, vai, avrai altri cazzi da pensare, altro che ringraziarmi, tra amici, ci mancherebbe - chiosa Calogero.

- Ti abbraccio compare.

- Altrettanto, stammi bene, vedrai, risolviamo anche questa.

La terza chiamata effettuata, la più importante secondo lui, è andata a vuoto, ma trattandosi di un numero sicuro, ha lasciato uno stringato ma eloquente messaggio.

Infine, utilizzando nuovamente il cellulare usato abitualmente, ha telefonato a sua moglie Erika per avvertirla degli improvvisi impegni e della sua assenza per qualche giorno.

Non era trascorsa un'ora e Varrapodi era di ritorno con le lettere completate. Se il contabile abbia creduto alle parole del suo datore di lavoro e alla veridicità di tutto quel raggiro o se invece abbia capito che qualcosa di grave stava succedendo non è dato di sapere: è uscito dall'ufficio del boss senza fare una piega, congedandosi con un laconico quanto esplicativo "per ogni cosa conti su di me, Presidente".

Dopo essersi accertato ancora una volta che quel leccaculo di Varrapodi si fosse rifugiato a gongolare nel suo ufficio, ha atteso qualche minuto prima di salire al terzo piano e rifugiarsi in quello che lui definisce il suo "fortino". Già all'epoca dei lavori di ristrutturazione del club, aveva fatto allestire una suite privata: camera, bagno e angolo cottura con frigorifero, dispensa e cantinetta ben forniti. I vetri dell'unica finestra, che dà sull'ingresso principale del club, sono oscurati. Ha fatto installare una porta superblindata, costruita appositamente e fatta venire da Perth, legno massiccio inchiavardato su un pannello di acciaio spesso dieci millimetri, roba che per sfondarla ci vuole l'esplosivo. Un sofisticato impianto video a circuito chiuso, dispone di parecchie telecamere che sono piazzate all'ingresso principale del club e nei punti strategici del piazzale sottostante. Gli occhi-spia sono collegati direttamente al suo terminale fisso e grazie a un codice criptato, al portatile che usa nei suoi spostamenti.

A una parete fa bella mostra di sé una libreria di mogano: a un rapido sguardo si notano i classici della Filosofia, ma anche testi di Keynes, di Sylos Labini, di Friedman, di Buffett, di Branson, Economia e Finanza insomma, la sua attività, quella palese. Ma c'è anche della narrativa di alto livello e poi una collezione importante di opere di divulgazione artistica con i più importanti nomi della storia della pittura mondiale dal Rinascimento ai giorni nostri. E una raccolta di CD e di DVD che comprende, ad occhio, almeno trecento pezzi.

L'accesso al locale non è consentito a nessuno, solo Corallo ha le chiavi. Quelle collezioni di libri, musiche e film non sono lì, in buona sostanza, per spocchia ma perché egli ama, nei suoi momenti di intimità, sfogliare qualche pagina, magari con un sottofondo di musica classica o di jazz, oppure rivedere un buon vecchio film.

Tuttavia la particolarità di quella libreria non è data solamente dalla qualità dei testi in essa contenuti, ma anche dal fatto che essa, azionata da un falso pulsante del lettore CD piazzato nell'apposito vano sotto il televisore, gira su se stessa di novanta gradi mostrando un passaggio segreto. E ruotando, ritorna automaticamente nella posizione iniziale dopo trenta secondi.

Dal salotto si accede al vano di un montacarichi, una pedana di metallo non più ampia di un metro quadro che azionata da una pulsantiera scende al livello del parcheggio sotterraneo del club, in un locale minuscolo e nascosto alla vista da un tramezzo di mattoni. Da esso parte un cunicolo che si dipana per un centinaio di metri, sufficienti ad attraversare sottoterra l'arteria ad alto flusso su cui si affaccia il club, per sbucare ai piedi di una scaletta metallica. Essa è sormontata da una grata di ferro, mimetizzata all'esterno da una spalmata di asfalto e chiusa dall'interno con un grosso lucchetto, situata in un angolo nascosto e fuori mano di un parcheggio pubblico, quello di un minuscolo centro commerciale, dove Corallo tiene posteggiata, in piena efficienza, una piccola utilitaria giapponese, così comune da non dare assolutamente nell'occhio.

Domenico si mette in libertà, slaccia le scarpe e la cravatta e si accomoda sulla chaise longue dopo essersi servito di un'abbondante porzione di brandy e aver inserito nel lettore una raccolta di suite di Bach eseguite dalla English Chamber Orchestra.

- La situazione si è fatta molto seria - ragiona Corallo - 'sta bravata Ferrigno non me la doveva fare. Mi dispiace per compare Bastiano ma ha sgarrato e deve pagare, io non lo tocco è uomo loro, l'ho rimandato in Calabria, non lo voglio più intorno. Zi' Nino e gli altri decideranno. Adesso la cosa più importante è trovare Carmine. E poi per forza di cose gli chiudo la bocca. Iddio mi è testimone: non mi piacciono le soluzioni cruente e poi, cazzo, è pur sempre un padre di famiglia, ma non ho alternativa.

Calma Domenico, calma, analizziamo la faccenda da capo. Dunque supponiamo che qualcuno denunci la scomparsa di Coleman, quali sono le conseguenze? Intanto bisogna vedere se Coleman ha detto a qualcuno della sua visita al club, è questo non è scontato. Era un uomo scaltro, non a caso era riuscito a rimanere a capo della banda per tutti questi anni senza che gli succedesse un imprevisto nel frattempo. E poi si circondava di uomini fidati: se anche fosse successo qualcosa sapevano valutare, sapevano decidere e soprattutto sapevano tenere la bocca chiusa. Quindi da parte dei Bullhornes i fastidi si possono ragionevolmente escludere.

I problemi, se arrivano, arrivano da Turano se quello riesce a spiattellare tutto alla polizia. Parte un'inchiesta ufficiale. Per prima cosa andrebbero ad accertarsi delle sorti di Coleman. E da quella sponda abbiamo detto che non ci sono problemi, anche perché forse solo Bulkut, il suo vice, sa della visita. Se lo sa. Ma se anche Coleman glielo avesse detto, quello non parla manco morto, troppi interessi ci sono dietro, un fiume di dollari e sa che se si muove con accortezza, tocca a lui gestire il business. Quindi sì, Coleman è sparito ma non si sa dov'è e la prima cosa da fare è mandare un uomo dal turco e invitarlo a un meeting per capire se e cosa in proposito.

Pensare e agire è un tutt'uno: Domenico prende il cellulare sicuro e digita il numero di Cal:

- Dimmi Micu.

- Ho un altro favore da chiederti. Devo parlare col turco con la Harley, tu sai di chi parlo no?

- Sì.

- Allora domani mattina, dopo il lavoretto, manda un paio di ragazzi a prelevarlo per un meeting in quel deposito a Silverwater. Lo trovi a Revesby, non si muove volentieri dal suo metro di terra.

- Hai visto mai che qualcuno ci faccia 'na pisciatina - sbotta ridendo Benvenuti.

- Appunto. Grazie, ci sentiamo più tardi.

Corallo chiude la conversazione e si immerge nuovamente nei suoi pensieri:

- Poi magari si può ipotizzare di pararsi il culo sporgendola questa denuncia. Il turco si presenta al commissariato e dice che non vede il suo capo da giorni, così nessuno puo accusarlo di aver cercato di occultare la cosa. Ma quello lo vedremo in un secondo tempo.

E torniamo a punto e da capo, Turano. Se riuscisse a cantarsela e visto se il turco non parla, gli sbirri vengono a ficcare il naso qui. Ma prove ne hanno? Le dichiarazioni a verbale di Turano. Punto! Ferrigno? Violante? A seguito di controlli effettuati sulla contabilità ho scoperto le loro marachelle e li ho licenziati immediatamente. Dove sono? Non saprei, non sono tenuto a saperlo: qui ci sono i loro indirizzi a Sydney. Sono spariti? In Italia mi dite? Non ne so niente, con loro ho chiuso, hanno tradito la mia fiducia, hanno rubato, qui ci sono le loro dimissioni. Indotte, certo, ma cosa volete dopo quanto è successo, parliamo di migliaia di dollari, era inevitabile. E con esse salta anche la nostra sponsorizzazizone per il 457, certo. Tutto in regola per quanto ci riguarda, immigrazione, tasse, fondo pensione, tutto in regola, il nostro capo contabile vi mostrerà i libri.

Povero Carmine, vittima di un ingranaggio che ora lo schiaccia. È la sua parola contro la nostra. Un omicidio qui? Ma non scherziamo, questa è un'azienda seria, dove il sottoscritto delega, sì, ma ha tutto sotto controllo, anche se non lo dà a vedere. Che prove può portare Turano contro Ferrigno, con tutte le ruggini che ci sono state in precedenza tra di loro e di cui tutti nel club si erano resi conto? Tanto che chiunque qui potrebbe testimoniare che non si potevano soffrire. E magari si era anche accorto delle ruberie, glielo ha rinfacciato ricevendone magari delle minacce o qualcosa del genere, se avesse parlato. È gioco facile per Kingshorn rigirargli la frittata, magari arrivare ad accusarlo di diffamazione. Vengono e fanno domande mirate... a chi? Io ho un'attività finanziaria, parlate con le banche, parlate con il direttore della Borsa giù a Bridge Street, chiedete a chi vi pare. Chiedete alle decine di personaggi in vista che frequento per lavoro o nel tempo libero: al golf, alla fondazione per la ricerca sul cancro, al partito, alle associazioni. Vogliono vedere le registrazioni video? Certo, massima collaborazione, eccovi le registrazioni video, tanto da lì non si vede niente. Sì ma quella era la sua macchina, dicono loro. La macchina? Che macchina? Certo qui è il parcheggio del club, ma l'ingresso è libero, ci sono i campi da golf qui a fianco, la gente viene ad allenarsi, c'è la pista da atletica, vengono a fare jogging, a fare i... come li chiamano, i bootcamp, a guardare le gare, di sera vengono a scopare in macchina, sa quanti preservativi trovano gli addetti al giardinaggio? Posteggiano tutti qui dentro. Forse l'hanno rubata, noi non possiamo mica occuparci di tutte le macchine che posteggiano qui.

Insomma, mi pare che da qualunque punto di vista si prenda la faccenda, a parte qualche leggero grattacapo, che l'avvocato e i suoi associati metteranno a posto senza troppi patemi, a parte i miei per le parcelle che dovrò pagare, non dovrebbero esserci brutti contraccolpi.

E comunque anche se va a finire in niente, se anche la svanghiamo questa volta, abbiamo acceso un faro sul club che era meglio restasse spento. Bisogna prendere certe precauzioni. Tanto per cominciare quest'anno a Polsi non se ne parla neanche e quelli, si sa, sono affari che saltano. E poi fare passare un po' di tempo e il locale venderlo, disfarsene, anche se in perdita.

E a quel punto sarà il mio turno di... dare spiegazioni a chi di dovere. A loro interessa poco e niente, loro giustamente agli affari guardano, e questa fonte di entrate, questo polo di investimenti, questa isola felice del riciclaggio, già con una inchiesta giudiziaria e sbirri continuamente tra i piedi, controlli fiscali approfonditi e via discorrendo, non giriamoci intorno, sarà questione di tempo, ma questa copertura è bruciata. E allora mi diranno che mi avevano avvertito, che di uno come Turano non bisognava fidarsi, che ho pisciato fuori dal vaso e che me ne devo prendere atto e subire le conseguenze. Per carità, non temo per la mia incolumità, sono Micu Corallo, io, uno che i soldi li fa girare, uno che porta benefici. E poi il bubbone è scoppiato a causa di un loro uomo, uno che loro stessi, anche se non palesemente, mi avevano raccomandato. No, per me non ci sono pericoli ma... diciamo che Corallo dovrà ritirarsi a vita contemplativa, su qualche isola dei Caraibi in compagnia della famigliola a godersi i proventi di una vita di lavoro. Almeno per un po' di tempo.

Ma cosa vado pensando? Turano tempo quarantotto ore massimo ce l'ho qui, seduto su quella poltrona, tremante e supplichevole di perdono. E potrei magari anche considerare di salvargli la pelle, farlo cagare sotto intimandogli di sparire fino alla fine dei suoi giorni. Estorcergli informazioni sui figli e con la minaccia azzittarlo per sempre, senza doverlo uccidere. Tampinarlo, fargli sentire il fiato sul collo, fargli capire che con noi non si scherza e se poi per la prima volta nella sua vita volesse fare l'eroe senza macchia e senza paura e va be' allora farlo fuori, scioglierlo nell'acido e gettarne i resti da qualche parte, in una foresta, come faceva Milat.

Così va ragionando Domenico Corallo mentre intanto il buio, quasi inavvertitamente è sceso da tempo nel confortevole rifugio del criminale. Con un certo disappunto, constata che sono oramai le dieci passate. La stanchezza, lo stress accumulato in quella terribile giornata tutta da dimenticare, l'effetto dell'ottimo liquore con cui ha ripetutamente colmato il bicchiere, bevuto per tenerlo sotto controllo, fanno il loro effetto. Senza quasi che se ne renda pienamente conto, le palpebre si fanno via via più pesanti, la testa si reclina su un fianco, il sonno prende il sopravvento e così com'è, semivestito, sdraiato sulla sua poltrona reclinabile preferita, si addormenta lasciando momentaneamente le proprie preoccupazioni senza una apparente soluzione.

Capitolo 28

Capitolo 29

7 aprile 2015

Nell'interno del pub, la luce del sole filtra dai vetri incrostati di polvere e rende l'ambiente un tantino meno squallido di quanto non sia abitualmente. L'arredamento è proprio quello che ci si immagina da un locale di questo tipo: bancone con le spine delle varie birre e una cristalliera a specchio retrostante con non più di cinque o sei tipi di liquori. I tavolini sono alti e intorno c'è qualche sgabello. In un angolo defilato si intravedono alcune macchinette mangiasoldi. In fondo al locale, una stanza dalle paresti scrostaste arredata con qualche tavolo apparecchiato alla casalinga, ha pretese di sala da pranzo. Alcune grosse ruote di carro sono appese alle pareti rivestite in legno insieme a diverse paia di corna bovine; negli angoli "strategici" i tavolini sono rimpiazzati da grosse botti che hanno contenuto whisky e in una nicchia ricavata in un sottoscala e addobbata con decine di bigliettini sul cui tono è probabilmente meglio soprassedere, fa bella mostra di sé, ritratta in un poster incorniciato, la bellezza locale, una bionda maggiorata il cui succinto abbigliamento, bikini, cappellaccio e stivaloni da vaccaro, vorrebbe probabilmente richiamare alla mente Calamity Jane, l'eroina statunitense.

Il barista sembra uscito da uno di quei fumetti country-western che si leggevano negli anni sessanta: un pezzo d'uomo alto quasi due metri, la barba di almeno una settimana, i capelli arruffati, un occhio sguercio, jeans e camicia di flanella sotto cui una canottiera macchiata di unto urla pietà. Sulla testa una bombetta nera che ha sicuramente visto tempi migliori.

Gli avventori poi, quattro in tutto, fanno cerchio intorno a un biliardo, il cui panno mostra alcune "cicatrici" rappezzate, e giocano a snooker.

Turano si avvicina al bancone accompagnato da cinque paia di occhi che lo osservano, ordina una birra e chiede di usare il telefono. L'apparecchio è piazzato nella nicchia, proprio di fianco alla tettona. Carmine prende la birra, paga e con una manciata di spiccioli si avvicina per fare una chiamata. Compone un numero e dopo tre squilli una voce femminile risponde:

- Polizia del New South Wales, in cosa posso essere utile?

- Buongiorno, mi chiamo Turano e dovrei parlare con una certa urgenza con l'ispettore Ferraro.

- Posso chiederle il motivo della sua richiesta?

- Guardi si tratta di una faccenda seria e so che Nick aspetta che lo contatti, sa di cosa si tratta.

- Attenda un attimo, prego.

Dopo una trentina di secondi il vocione di Ferraro esplode nelle orecchie di Carmine:

- Carmine, che cazzo hai combinato? Ho parlato con Jennifer, è distrutta.

- Nick, stai calmo, posso spiegarti tutto. Ma non per telefono. Ho fretta, ho paura, mi cercano capisci? Ma prima di tutto dimmi di lei.

- Con tua moglie ho aggiustato per una sistemazione anonima qui in città. Sarà discretamente tenuta d'occhio e protetta. Pensiamo a tutto noi, non devi preoccuparti. Ma tu?

- Sono nei casini, Nicola e non so come uscirne. Temo che mi vogliano fare la pelle.

- È per quel tuo lavoro al club vero? Ma come cazzo ti è saltato in testa di andare a lavorare per certa gente? Ma lo sai con chi ti sei mischiato? Sono anni che teniamo d'occhio Corallo e prima di lui il padre e prima ancora il nonno, la sua è una famiglia molto nota alle autorità australiane. Sono criminali della peggio specie Carmine e tu, come posso farti capire?, ti sei cacciato in un gioco troppo più grande di te. Cosa è successo, cosa hai visto, cosa hai sentito?

- Ho visto Ferrigno... ho visto... gli ha sparato!

- Ha sparato a chi - lo incalza Ferraro.

- A uno dei Bullhornes, Coleman si chiamava - balbetta Carmine.

- Minchia Turano, tu o tutto o niente eh? Niente fino a ieri e ora tutto e tutto assieme! Dove sei?

- Sulla New England Highway, tra Tamworth e Armidale, un buco di culo, Bendemeer si chiama. Sto chiamando dal pub.

- Ascoltami bene Carminù: lo so che ti stai cagando addosso ma te lo devo dire lo stesso, anzi ti confermo quello che già temi: quelli se ti beccano ti stutano (1) e se non lo fanno a Bendemeer lo faranno a Sydney. Magari Corallo, nella sua immensa benevolenza, vuole parlarti prima di spedirti al Creatore. Ascolta attentamente: sono le dieci del mattino, devi cavartela da solo per dodici ore. Non posso mandarti nessuno di lì, locale, quelli hanno orecchie ovunque. Prenditi una stanza al pub e chiuditici dentro, passa la giornata imboscato lì. Io devo sbrigare un paio di cose qui, la solita burocrazia del cazzo, non posso salire senza i permessi, moduli e rompimenti di coglioni vari. Appena me la sbrigo vengo su ma realisticamente mi serve il tempo che ti ho detto. Non ti muovere più, non chiamare più nessuno, nasconditi in camera, portati su da mangiare, da bere, da fumare e poi chiuditi dentro. Hai capito?

- Ho capito Nicola, ho capito!

- Un'ultima cosa: io ci salgo a toglierti dai guai ma per farlo, come ti ho spiegato, devo mettere in moto tutto un meccanismo organizzativo prima e dopo. Sappi che questa tua chiamata la sto registrando e sai cosa questo significa vero?

Segue un silenzio carico di tensione: Carmine sta dando significato alla domanda rivoltagli, Ferraro sta aspettando che lo faccia.

- Significa che una volta che ti ho riportato a casa sano e salvo e ti ho messo sotto nostra protezione, poi tu devi testimoniare in tribunale. Come si dice: una mano lava l'altra... ci siamo capiti?

Altro significativo silenzio: Carmine ora ha chiaro come si svolgerà il gioco e che ruolo gli spetta.

- Ci siamo capiti Carminù?

- Ci siamo capiti Nicola.

- Bravo! Ci vediamo in serata, appena arrivo su - e Nick interrompe la comunicazione.

(1) - ti "spengono"

Capitolo 29

Capitolo 30

7 aprile 2015

Julius Mulligan è figlio di immigrati irlandesi, contadini provenienti da Soloheadbeg, nella contea di Tipperary. La località deve la sua notorietà al fatto che proprio lì, il ventun gennaio del 1919, alcuni militanti dell'Irish Republican Army uccisero a colpi di moschetto due uomini della Royal Irish Constabulary che avevano rifiutato di consegnar loro un carico di esplosivi. Da questo episodio prese il via la guerra civile di indipendenza tra repubblicani e lealisti.

Mulligan deve il suo nome di battesimo alla passione del padre per la storia dell'antica Roma e, nello specifico, alle gesta di colui che lo storico Svetonio definì il primo imperatore romano, Giulio Cesare. Gesta che Mulligan padre leggeva e rileggeva in una vecchia copia delle Vite di Plutarco, unico libro da lui posseduto, fino a restarne a tal punto affascinato che quando la moglie si sgravò al St. Vincent Hospital, prendendo tra le braccia il frugoletto sentenziò:

- Ti chiamerò come Cesare e come lui dominerai il mondo.
Non è andata esattamente così ma non si può negare che crescendo

il giovane Julius, rimasto figlio unico, di soddisfazioni ai genitori ne abbia date parecchie. Prima a scuola, ottenendo sempre degli ottimi risultati. Poi perché, già dall'età di quattordici anni, il ragazzo aveva dato prova di adattabilità stabilendo in tutta autonomia di lavoricchiare nei fine settimana per consegnare pizze a domicilio.

Infine, terminate le superiori, con la decisione di fare domanda di ammissione all'accademia di Goulburn per diventare un difensore della legge.

Qui, grazie a una intelligenza sopra della norma e al suo fisico asciutto e ben allenato, aveva superato con ottimi voti tutti gli esami. Dopo il periodo obbligatorio di praticantato, era quindi diventato un agente di polizia statale.

Ma quello di pattugliare le strade di Sydney per acchiappare ladruncoli o spacciatori di quartiere non era il futuro che il giovane poliziotto aveva pianificato per sé. Ligio ai comandamenti del padre, Julius voleva salire in alto e a costo di non pochi sacrifici, studiando nelle pause del lavoro, riuscì a ottenere un baccalaureato in Criminologia all'Università del Nuovo Galles del Sud e iniziò la sua carriera come investigatore. Un metro e ottanta di altezza per settantacinque chili, Mulligan ha un'attenzione per il suo aspetto esteriore che sfiora l'ossessione. Il taglio dei capelli, le mani ben curate, gli abiti e le calzature che indossa, persino la sua camminata, tutto in lui denota la sua attenzione per i particolari.

La sollecitudine verso la propria persona, di per sé, è da considerarsi una virtù, ma nel caso di Julius si tratta della proiezione esteriore di un difetto piuttosto grave quando si fa il suo lavoro: pensa di essere il migliore investigatore del dipartimento. Questo convincimento lo porta a disprezzare i colleghi dell'Anticrimine, uomini o donne che siano. E talvolta a interpretare le regole in maniera difforme dai dettami di una corretta deontologia professionale.

Se per esempio un caso diventa "bollente", se la pressione mediatica

sale a livelli altissimi e la cattura del colpevole diventa quindi impro-
crastinabile, il bisogno di soddisfare il suo ego, il desiderio di essere il
primo ad arrivare con la soluzione del caso, lo spinge a non condividere
con la squadra le informazioni che ha ottenute grazie alle sue indagini
oppure alle soffiate dei suoi informatori.

Va da sé che quando si lavora in squadra, un tale comportamento è
inammissibile.

Queste sue "svagatezze", quando in passato in qualche occasione sono
poi trapelate, gli hanno procurato dei malumori con i colleghi e delle
grane che hanno rallentato la sua carriera, inasprendo ancor più il suo
disprezzo per chi condivide con lui onori e oneri della professione.
Non sorprende che i colleghi lo considerino un arrogante. Lo reputano
alla stregua di chi crede gli sia dovuta stima e riconoscenza solo perché
condivide con loro la sua giornata lavorativa.

E poi Mulligan è avaro e all'avarizia, se non bastasse, unisce una spic-
cata avidità.

Un esempio? Snobba sistematicamente le cene tra colleghi organizzate
in occasione delle feste comandate. Non ha mai fatto una capatina
al pub per pagare un giro di aperitivi ai suoi pari grado alla fine della
giornata di lavoro. Non esce mai per recarsi a un ballo di beneficenza, a
un cinema, in un locale, a un concerto, a una partita di rugby. Non va
da nessuna parte Mulligan, vive da solo in un appartamentino a Surry
Hills, a due passi dalla sede della polizia. Lo ha comprato con il ricavato
della vendita della casa dove è cresciuto, a Croydon, quella che i suoi
genitori avevano acquistato con enormi sacrifici, quella dove suo padre
è passato a miglior vita. Il vecchio almeno, ha concluso la sua esistenza
come aveva sempre desiderato: nel suo letto.

A sua madre, che aspirava a un simile destino, non è andata altrettanto
bene perché Julius prima si è fatto intestare l'abitazione e poi l'ha venduta costringendo la vecchia in una squallida struttura adibita al riposo
per anziani.

Il ricavato della vendita è servito a pagare in contanti il piccolo bilocale dove ora vive e la rimanenza è andata a rimpinguare il suo conto in banca.

Di fondo ci sta la convinzione ben radicata nella mente di Julius: quella per cui il denaro significa potere.

Perché per lui il potere che dà il denaro è molto più importante, e dunque desiderabile, di qualunque altro piacere che cose o persone possono procurare a un uomo.

Ma cos'è quell'inestinguibile brama di possesso materiale se non la spia di un'insicurezza latente, di una strisciante ignavia, di un bisogno subliminare di sentirsi protetti? Individui come Mulligan amano il denaro perché il possederne molto dà loro sicurezza interiore. Tanta quanto, d'altronde, gliene procura la consapevolezza di godere della protezione di persone influenti, che detengono potere. E poco importa che si tratti di gente senza scrupoli.

La sua avidità dunque e la frequentazione di certi ambienti per motivi di lavoro, lo hanno portato a disfarsi di ogni forma di etica professionale, di un pur minimo briciolo di morale. È diventato un doppiogiochista, un uomo prezzolato da quella criminalità che ufficialmente dovrebbe contrastare.

Stamane, a causa della visita fatta alla signora Turano, la cui auto è stata dolosamente data alle fiamme, Julius è arrivato in ufficio più tardi del solito. Ha dato di malavoglia il buongiorno a una collega e una pacca commiserevole sulle spalle al piantone di turno intanto che con la sua falcata lunga ma misurata si avviava verso il suo ufficio. La breve passerella, così la definiscono alcuni compagni di lavoro, nello stanzone dei constables che fa da anticamera al suo ufficio e a quello dei colleghi graduati e che termina in quello del Commissario, è stata sufficiente a fargli intuire che qualcosa di insolito stava succedendo.

In particolare ha notato il collega Ferraro che, nella stanza del Capo, gesticolava e gli si rivolgeva animatamente.

Nick Ferraro si occupa in prevalenza di indagini che hanno come obbiettivo i clan criminali italiani che operano in Australia.

Il fatto che fosse così agitato ha allertato la sua attenzione.
Questa è poi salita ancora di più quando, quasi sollecitata dalla scena che aveva sotto gli occhi, ha intuito che la sceneggiata a cui assisteva poteva essere collegata alla sua recente visita alla Turano che, di questo era certo, aveva mentito rispondendo alle sue domande.

Mentre sul suo viso compariva un ghigno perfido, nella sua mente si materializzava una bella pila di banconote da cento dollari.
Ma per trasformare quella visione che lo allettava in un qualcosa di più concreto Mulligan doveva sapere il motivo per cui Ferraro stava discutendo col Capo in maniera così burrascosa.

Per farlo c'era un solo modo: estorcere l'informazione. E l'unica persona da cui poteva ottenerla - il perché lo sapeva lui - era l'aiutante del Capo, Colapresti.

Victor Colapresti è un trentenne piacente, che veste senza sfoggio ma con un certo gusto. Un metro e settantacinque di statura, porta a spasso tra i vari piani dello stabile che ospita la sede della Polizia Statale un corpo minuto le cui movenze femminee appena accennate vengono non senza sforzo celate agli sguardi altrui grazie a un continuo e vigile esercizio di volontà.

Victor è, per l'appunto, l'aiutante di campo del Capo, il Commissario Kavalski, ed è gay. Sebbene le cose vadano cambiando anche in seno ad ambienti omofobi come quello delle forze dell'ordine, tale sua condizione esistenziale lo obbliga a nascondere, nell'ambito lavorativo, certi atteggiamenti che invece quando è fuori servizio a volte si concede: una di quelle persone, gay o etero che siano, a cui già il fare sfoggio dei propri gusti sessuali procura piacere.

Figlio di italiani emigrati dal Polesine negli anni '60, è cresciuto in un ambiente dove i timori dei genitori dovuti all'impatto con la nuova realtà, uniti al loro fondamentalismo cattolico, si sono riversati nell'acerba personalità che andava formandosi, nella sessualità che andava definendosi, con il risultato di creargli grossi problemi ad interagire con i suoi coetanei in generale e, in particolare, con le bambine. Le femmine, sentiva spesso ripetere da suo padre, sono tentatrici e strumento del peccato ad uso del demonio. I maschi d'altro canto, affermava sua madre, non pensano che a quella cosa ed è peccato toccare le proprie parti intime o addirittura mostrarle agli altri, peccato mortale.

Quando poi, da adolescente, egli ricevette le attenzioni gentili, ma morbose, di un insegnante di educazione fisica della scuola cattolica a cui era stato iscritto, tutti quei tabù crollarono e seppur in maniera anomala, perché gliene derivarono enormi sensi di colpa, constatò da sé che il sesso non era solo fuoco e fiamme, come lo descrivevano i suoi genitori, ma poteva procurare molto piacere.

Tale consapevolezza però, a causa delle passate privazioni, si sviluppò in lui in maniera distorta. Con l'età adulta infatti, essa si trasformò in un'attrazione per le cose inerenti lo scambio sessuale fine a se stesso. Questa insana malia in certi momenti gli diventa talmente impellente da sfociare nell'esibizionismo.

Qualche mese prima rispetto al periodo di cui narriamo, una sera che a causa di uno di quei turbamenti che periodicamente lo colgono aveva provato con urgenza il bisogno di procurarsi un'avventura sessuale senza strascichi, si era trovato invischiato in una di queste situazioni scabrose. Era nei pressi delle toilette pubbliche del Circular Quay e cercava di adescare dei giovani di passaggio quando a un tratto, voltandosi verso uno di quei ragazzi a cui stava facendo delle proposte oscene, aveva notato con estrema contrarietà che l'ispettore Mulligan lo stava osservando con un'espressione incuriosita in viso. Era entrato precipitosamente nei bagni pubblici per dare l'idea di un impellente bisogno e, una volta tornato fuori, per scambiare eventualmente qualche parola con il suo superiore. Invece, ritornato all'aria aperta aveva notato con disappunto che Mulligan era sparito.

Il disappunto, con il passare delle settimane e a causa di certi sguardi insistenti che Mulligan gli lanciava quando si incontravano nei corridoi della centrale, era diventato terrore.

Victor temeva che Mulligan, etero e omofobo come la maggior parte dei colleghi, avesse colto quelle poche parole di adescamento, avesse capito, in una parola, il vero motivo per cui quella sera egli si trovava in quel luogo. Conoscendo Julius, il rischio era che questi, avendolo sorpreso in certi atteggiamenti, volesse ora ridicolizzarlo pubblicamente, così, tanto per farsi due risate con i colleghi.

Ma malgrado Victor, da quella famosa sera, viva con quel timore che in certi momenti lo fa tremare, fino ad oggi non è successo nulla.
Nessuno scandalo quindi, perché Julius Mulligan, opportunista fine e sagace calcolatore, non è tipo da giocarsi certi a-tous tanto per farsi una risata in compagnia. Infatti oggi, alle prese con la necessità di cui si diceva - estorcere quelle informazioni su Ferraro - capisce che l'occasione per giocarsi quell'asso nella manica è finalmente arrivata.

Si siede alla scrivania, accende il computer e finge di essere occupato in qualche ricerca, ma non perde un attimo d'occhio l'ufficio dove Kavalski e Ferraro stanno sbraitando. Intravede anche Colapresti che, ammutolito, attende ordini dal superiore intanto che prende appunti su un block notes.

Quando finalmente la riunione termina, Ferraro se ne va con un ghigno sul viso e subito dopo di lui esce Victor dirigendosi verso la macchinetta delle bevande calde. Con studiata calma Mulligan si alza dalla sua poltroncina ergonomica e lo segue a distanza di qualche passo.

Giunto di fronte al distributore automatico Colapresti imposta la selezione, prende il bicchierone di carta e lo infila sotto il beccuccio da cui, dopo qualche istante, inizia a colare un liquido nero e denso.

Julius, avvicinatosi con cautela per non farsi scoprire, si ferma a pochi centimetri da lui:

- Buon giorno Victor, come stai? Bella giornata vero?

L'altro si volta di scatto, troppo precipitosamente per poter poi celare, sotto una qualche apparenza, ciò che Mulligan ha già capito da tempo: Victor lo teme.

L'aiutante del capo balbetta qualche formalità che con fare deciso l'altro tronca di netto:

- Ho notato che era in corso una riunione dai toni, come dire, concitati nell'ufficio di Kavalski - ironizza Julius.

- Ma no, niente di che, uno scambio di vedute schietto, diciamo così -prova a minimizzare Victor.

- Ah sì? Uno scambio di vedute? E di cosa parlavano?

- Dai Julius, lo sai che non posso...

- Andiamo Victor, tra colleghi, tra amici...

- Ecco, il long black per il capo è pronto, io vado - tenta di svicolare l'assistente.

- Sei sicuro di volere, anzi di potere andare via senza aver risposto alla mia domanda, Victor?

- Cosa intendi dire Julius?

- Voglio dire che forse il tuo vecchio compagnone Julius sa delle cose di te che nessun altro sa qui dentro. E sono sicuro che anche tu vorresti che certe cose rimanessero, come dire, nell'ambito della tua sfera privata.

- E va bene, lo sapevo, l'ho sempre saputo, doveva arrivare prima o poi questo momento. Mi hai visto quella sera, anch'io ti ho visto, hai capito che sono gay ma ormai chi ci fa più caso? È una cosa accettata ovunque, anche qui dentro, abbiamo addirittura una rappresentanza nella sfilata del Mardi Gras, se lo vuoi sapere.

- E bravo il mio culattone tutto coraggio. Hai deciso di fare coming out in ufficio? Hai deciso di rovinarti l'esistenza? Va bene, come vuoi tu - il tono di Mulligan si fa minaccioso, ora.

- Ma Julius...

- Ascoltami bene soldatino dei miei coglioni, se non svuoti subito il sacco e mi dici cosa si sono detti il Capo e Ferraro, ti garantisco che entro stasera tutto il dipartimento verrà a sapere che nel tempo libero ti piace prenderlo in culo, che ti piace succhiare cazzi e che quando non lavori ti diverti ad adescare giovanotti al Circular Quay. Che te ne pare? Il silenzio che segue è carico di tensione: Victor sa che se si venisse a conoscenza del suo segreto la vita sul posto di lavoro diventerebbe un inferno, un tale casino che lo costringerebbe a dare le dimissioni subito. Perché non sarebbe di certo la possibilità di appellarsi alle leggi antidiscriminazione a migliorare le cose.

- Adesso non posso, mi aspetta con il caffè. Tra mezz'ora scendo al bar per un panino e una bibita: fatti trovare lì - biascica Victor tra i denti, infuriato ma consapevole della sua impotenza.

Capitolo 31

7 aprile 2015

È un incubo il suo: una rappresentazione onirica spaventosa, molto vivida e intensa, caratterizzata da sensazioni di oppressione, di soffocamento o di blocco dei movimenti.

Corallo è infatti prigioniero di una campana di vetro: è nudo, non riesce a muoversi e quindi a coprirsi almeno le parti intime e non può fare niente per limitare la curiosità di un nutrito gruppo di sconosciuti che, fuori dalla sua prigione trasparente, lo osservano con insano interesse.

Chi lo scruta, non solo lo fa cercando di cogliere ogni suo più piccolo particolare fisico ma esibisce, a peggiorare il suo stato d'animo, una marcata espressione di biasimo nei suoi confronti, come a rimproverarlo della sua assenza di pudore. A un tratto, come obbedendo a un segnale convenuto, la folla dei curiosi inizia ad avanzare lentamente verso la parete circolare di vetro tenendo sollevata la mano sinistra. Per uno di quegli inspiegabili meccanismi tipici del sogno che permettono a chi li sta facendo di focalizzare la vista su un tal particolare piuttosto che su un altro, Corallo nota che tutti quanti tengono tra l'indice e il pollice della mano sollevata un proiettile inesploso. Giunti a ridosso della campana, iniziano a picchiettare con il loro proiettile sulla superficie vetrata, producendo un suono simile alla cascata argentina di mille sonagliere di metallo.

L'ambiente chiuso lo amplifica fino a fargli raggiungere un volume quasi insostenibile. Il prigioniero però, l'abbiamo visto, è immobile e niente può per attenuare quella cascata di rumore che aggredisce i suoi timpani. Quando il frastuono raggiunge un livello insopportabile, si sveglia. Dopo un attimo di appannamento e la consapevolezza di avere un forte mal di testa, realizza che l'effetto acustico sentito nel sogno ha corrispondenza nella realtà: si tratta dello squillo del suo cellulare.

Un rapido sguardo al piccolo schermo, un'occhiata di sfuggita all'orologio che porta al polso e una smorfia di disappunto gli deforma il viso:

— Cosa c'è Anthony?

È Bonera, il commercialista:

— Buongiorno Domenico, ti ha svegliato il morso di una tarantola?

— Peggio. Dimmi, qualcosa che non va?

— No, no tutto a posto. Ti ho chiamato per quell'appuntamento.

— Quale appuntamento?

— Allora vedi che non apprezzi il mio lavoro? Io mi sbatto, faccio i salti mortali, metto in gioco la mia reputazione e tu...

— Piantala di frignare Anthony, le parcelle che ti pago ti ricompensano abbondantemente. Allora, l'appuntamento? Fuckin' hell, quello delle tasse, me n'ero quasi dimenticato. Non posso oggi, rimandalo, aspetto una chiamata importante dall'estero.

— Non si può Domenico, ragiona. Quello viene qui, siamo già d'accordo, ho preparato la busta coi contanti. Non tiriamo troppo la corda, lo sai come sono suscettibili i funzionari statali no?

— Ma devo proprio essere presente, non puoi sbrigarla tu?

– No, vuole che firmi le carte in sua presenza, gli serve a coprirsi il culo. Arriva alle nove e mezza, sono le nove meno dieci, ormai il grosso del traffico è smaltito quasi del tutto. Prendi la M2, se ti dai una mossa ce la fai, lo tengo buono io per qualche minuto.

– Va bene, ma 'na cosa veloce, devo ritornare in ufficio subito.

– Ti aspetto.

Il tempo di raccattare velocemente tre o quattro cellulari e Corallo si precipita correndo giù per le scale.

L'incontro con l'ispettore delle tasse è andato a meraviglia: il funzionario statale, tutto "sir, please, kindly" lo ha scrutato senza battere ciglio mentre firmava i documenti già preparati da Bonera. Ha poi a sua volta firmato le dichiarazioni comprovanti che sotto il profilo fiscale tutto è a posto e infine ha intascato la busta gialla discretamente allungatagli dal commercialista. Infine ha ringraziato per il caffè ed è stato accompagnato alla porta e scortato fuori dalla segretaria bellona del libero professionista.

– Tutto si compra – sussurra Domenico con una smorfia che esprime disgusto mentre si imbuca nell'ascensore e preme il pulsante per il terzo piano del club, dov'è il suo piccolo bunker.

Ha a malapena il tempo di togliersi il soprabito e slacciare la cravatta quando uno dei portatili, quello che usa solo per certe chiamate, prende a trillare. Un rapido sguardo al display e un sorriso gli fiorisce sulle labbra.

– Ecco la soluzione che cercavo – esclama mentalmente, assaporando la conversazione, in inglese, che si appresta a sostenere.

– Corallo.

– Mulligan.

– Lo so, te l'ho passato io lo Stealth che stai usando, te lo sei scordato?

Allora? Sai perché ti ho cercato no?

– Me lo immagino. Stamattina presto ho fatto visita a una signora impaurita a cui qualcuno aveva bruciato la macchina. Una certa Jennifer Cantisano, maritata Turano, la conosci?

– Non fare il simpaticone, Julius, non ho mai attribuito a chi fa il tuo lavoro il pur minimo senso dell'umorismo. Specialmente poi se si tratta di un irlandese.

– Lascia perdere l'etnia, Micu, la favola del calabrese di successo che si è fatto da sé vai a raccontarla a qualcun altro. E poi sei tu che mi hai cercato, no? Come mai? Sei preoccupato per qualcosa? – ribatte Mulligan con sarcasmo.

– Tieni le distanze, Mulligan! E soprattutto tieni a mente chi è sul libro paga di chi.

– Come siamo suscettibili, allora è proprio come dico io?

– Cos'hai da raccontarmi?

– Caspita che fretta! Qualcosina da raccontarti ce l'avrei, ma…

– I tuoi duemila e cinquecento alla quindicina li incassi regolarmente no? E per cose di poco conto, girarti di là quando ti viene chiesto, niente per cui se sorgesse qualche sospetto la tua brillante carriera da tutore della legge subirebbe rallentamenti né tantomeno verrebbe interrotta.

– Usiamo lo stesso idioma, ma parliamo due lingue diverse, Corallo.

– Sto cercando un uomo e ho sufficienti motivi per ritenere che vi contatterà presto, se non l'ha già fatto.

– Lo so e credo anche di sapere perché lo cerchi?

– Lo cerco perchè ha rubato. Mi ha messo le mani in tasca, 'sto disonesto, dopo quello che avevo fatto per lui. Ha fatto presto a scordarsi di quando si spaccava la schiena caricandosi quarti di bue, l'ingrato.

– Palle! Lo cerchi perché, povero Cristo, è capitato nel posto sbagliato al momento sbagliato e ha visto qualcosa che non doveva vedere. Guardala da questa prospettiva: questa volta devi acchiappare il piccione prima che se la canti con noi e firmi un verbale. Sarà anche idiota ma sa bene che l'unica speranza di salvarsi la vita è farsi proteggere da noi e raccontarci tutto. Diciamo che se il piccione dovesse riuscirci, caga sul tuo bel castello e lo fa crollare completamente.

– Cosa sai?

– Alcune cosucce interessanti – ridacchia l'ispettore – la macchina bruciata e poi una denuncia depositata stamattina alla stazione di Ingleburn, una povera donna con due bambini piccoli che ha denunciato la scomparsa del marito, un certo Coleman. Lo conosci? Poi ci sarebbe anche un pettegolezzo, se così vogliamo chiamarlo, che ho sentito in ufficio... sempre a proposito di Turano. Che mi dici?

– Diecimila.

– Cinquanta! Lo sai che mi piace andare a pescare no? Ho visto un bel sette e cinquanta cabinato, due motori Evinrude da centocinquanta cavalli... gran bella barca. L'informazione li vale tutti, e lo sai. Qualcosa è andata storta Corallo, fattene una ragione, se non becchi Turano sei nei guai.

– Trenta subito, il resto quando mi dici dov'è.

– Cinquanta subito e io, che lo so, ti dico dov'è.

– Cinquanta subito, va bene, te li faccio portare in quella casella postale a Martin Place. Tra due ore puoi passare a prenderli. Ma fai molta attenzione anche tu Mulligan, perché se sgarri e io dovessi andare a svernare a Goulburn, cosa di cui comunque dubito molto, tu lo sai, faccio parte di una famiglia numerosa. Non vorrei che tutti quei soldi ti servissero per pagarti una badante che spinga la sedia a rotelle su cui passeresti il resto dei tuoi giorni. Una fine indegna per un investigatore del tuo calibro.

– Questo si chiama ragionare. Manda il tuo uomo con la busta. Io la ritiro e ne lascio una più piccola con dentro una mappa del Nuovo Galles del Sud e l'informazione che ti serve. E niente scherzi. Intanto ti dico che il tuo uomo ha preso il largo, è lontano da Sydney. Ha chiamato il suo amico d'infanzia, Ferraro, quello dell'Anticrimine, quello che ti ha messo da un bel po' gli occhi addosso. Turano ha capito con che tipo di persone è andato a impelagarsi, adesso ha ben chiaro i rischi che corre e ha chiesto protezione. Sarà divertente assistere dagli spalti alla gara: chi vincerà, Corallo o Ferraro? Chi arriva per primo fa bingo... il bingo dei calabresi – e con una corta, singhiozzata risata, Mulligan chiude la comunicazione.

Capitolo 31

Capitolo 32

7 aprile 2015

Recep Bulkut è spaparanzato su di una poltroncina imbottita, lo schienale reclinato, gli occhi chiusi, le braccia abbandonate sui braccioli, un sorriso fesso sulle labbra carnose, nel cavo delle orecchie a sventola un paio di auricolari da cui si diffonde una raccolta di canzoni turche di recente produzione che gli accarezza i timpani. Il piede destro è in ammollo in acqua tiepida nell'apposita vaschetta dai cui fori interni esce un'infinità di bolle d'aria che ne rilassano i muscoli e ne ammorbidiscono le protuberanze cornee. Quello sinistro sta appoggiato morbidamente sulle cosce della giovane estetista asiatica, che indossa un paio di leggeri 3/4 di cotone da lavoro. Dopo il rituale taglio delle unghie e delle pellicine e la conseguente limatura delle irregolarità prodotte dal taglio, l'estetista sta ora praticando un massaggio alla pianta.

Da sotto le palpebre, Bulkut sbircia di sfuggita la reazione della ragazza quando lui, nelle pause del massaggio, cerca di infilare il piede tra le sue gambe:

– Scommetto cinque grand – considera tra sé – che se le allungo due o tre biglietti da cento di strafogo, stasera viene a cena e poi si fa scopare... tutte zoccole 'ste cinesi.

La ragazza però, già un pochino infastidita e spinta da un naturale pudore, interrompe il massaggio e senza far parola, ma in maniera netta e ben visibile, cenno di no con il capo.

Quel gesto, che lui comunque ignora, non lo fa recedere dal suo intento. Sta infatti considerando di passare a un approccio più deciso: spalanca gli occhi scuri e mobili, sovrastati da sopracciglia folte e nere, e prende a fissare la giovane donna in viso. Una volta catturatone lo sguardo le sorride tronfio, convinto che le sue doti di tombeur de femmes si sveleranno in maniera per lei irresistibile.

La sua seconda mossa è quindi ancora più esplicita. Inclinatosi su un fianco per fare spazio al braccio destro, infila la mano nella tasca dei pantaloni per estrarne la mazzetta di banconote da cento dollari che in essa è riposta.

Sempre osservando con fissità la giovane donna, ne conta due, ne aggiunge dopo un attimo una terza e conservando quel suo sorriso idiota gliele porge con fare discreto.

La ragazza sorride a sua volta e senza scomporsi più di tanto, solleva, afferrandola dalla caviglia, la gamba sinistra del dongiovanni, si alza, molla la presa facendo così sbattere il tallone sul pavimento e in silenzio, ma guardando l'uomo con un'espressione sarcastica, si ritira nel retro del salone chiudendo con una certa energia la porta dietro di sé.

Con un sorriso di convenienza la titolare del centro si avvicina, si scusa per l'interruzione del servizio e fatto un cenno a una seconda ragazza, anche lei dai tratti asiatici, che in quel momento sta riponendo delle tovagliette di spugna in un armadietto, la invita a portare a termine il lavoro lasciato a metà dalla collega. Questa seconda podologa però, non soddisfa i gusti estetici dell'arrapato cliente. Alla fine del servizio, Recep paga ed esce molto contrariato, con la consapevolezza che le sue velleità di seduttore sono state ridicolizzate.

Ha fatto solo pochi passi in direzione della sua Harley Davidson quan-

do gli si affianca un personaggio che sembra uscito da uno di quei
polizieschi d'antan di infima categoria. L'uomo è alto al massimo un
metro e sessanta, è segaligno, ha l'espressione truce, gli occhi iniettati
di sangue, un naso dal setto schiacciato, da pugile suonato e una bella
cicatrice sulla guancia sinistra, dallo zigomo fino quasi al mento.

Il suo abbigliamento, piuttosto ricercato, potrebbe trarre in inganno
un osservatore distratto intento a cercare di inquadrare il personaggio;
ma una bella collana d'oro diciotto carati a maglie larghe, sfavillante tra
i lembi della camicia bianca lasciata aperta sul petto glabro, e il Rolex
al polso, anch'esso d'oro massiccio, stabiliscono senza ombra di dubbio
l'ambito di appartenenza del soggetto.

Dopo essersi guardato brevemente intorno si rivolge a Recep con tono
deciso:

— Te lo dico con le buone, seguimi — ingiunge bisbigliando il suo sten-
tato inglese.

Recep, a cui già l'epilogo disastroso dei suoi tentativi erotici ha procurato un notevole disappunto, a quell'ordine perentorio, pur mantenendo un'apparenza di calma, va su tutte le furie:

— E chi cazzo sei tu per ordinarmi di seguirti — gli chiede, anche lui
sibilando a bassa voce.

L'altro, con perfetto aplomb, fa un passo indietro, con un gesto deciso
infila la mano destra nella tasca del pastrano di pelle nera che indossa
e mostrando un significativo rigonfiamento attraverso il tessuto replica
con un sorriso in tralice:

— Se vieni con le buone va bene se no ti faccio venire via a calci in culo.
Un amico ti deve parlare.

— E chi sarebbe questo amico? — replica Bulkut sempre alterato ma
adesso ad un tratto molto attento.

— Una persona che con semplice schiocco delle dita può farti passare un
sacco di guai, mi sono spiegato? — ribatte l'ometto accentuando l'effetto
delle sue parole con un movimento rapido nella mano nella tasca.

Recep è tipo da distrarsi se si tratta di correre dietro a una sottana ma è anche e soprattutto un uomo d'affari e di conseguenza è abituato a pensare con molta rapidità. Ci mette un attimo a capire: a quella ingiunzione così imperativa che viene, a giudicare dall'accento dell'ometto, da ambienti italiani, è meglio obbedire.

Del resto poco più in là, dall'abitacolo di una Aston Martin nera, fanno capolino due ceffi dall'espressione poco raccomandabile: anche volendo azzardare una reazione non raggiungerebbe mai la sua Harley Davidson, che è posteggiata qualche decina di metri più in là e nel cui bauletto portaoggetti è chiusa la sua Luger. Senza fallo le targhe dell'auto saranno false e non ha nessun dubbio sul fatto che se tentasse una fuga, i tre non si farebbero nessuno scrupolo, sebbene in pubblico, a immobilizzarlo e poi caricarlo a forza sull'auto per portarlo a destinazione.

Si avvia quindi senza fare storie in direzione del macchinone britannico in compagnia del piccoletto. Quest'ultimo, per soprannumero, lo ha preso a braccetto e sta cianciando a voce alta qualcosa a proposito di un rigore negato durante l'ultima partita tra Adelaide United e Melbourne Victory.

Nella sua mente esplode improvvisa una certezza: quello che gli sta succedendo è correlato con la recente e misteriosa scomparsa di Coleman, il presidente dei Bullhornes, il suo boss. Scomparso nel nulla, senza lasciare tracce: l'ultimo loro incontro risale a tre giorni prima, di sera, in un night club gestito da un altro affiliato alla gang di motociclisti. Ryan ha accennato a un incontro con gli italiani, poi il silenzio più assoluto: il suo telefono risulta da due giorni spento e questa mattina presto, gli hanno riferito, la moglie ha sporto denuncia alla polizia per la sua scomparsa.

– Chi ti manda, Corallo?

– E mi ha pregato di informarti che la situazione è piuttosto seria. Altre domande? – risponde senza scomporsi il piccoletto.

L'auto si dirige verso il centro cittadino percorrendo la Hume Highway ma giunta a Silverwater svolta in una traversa poco trafficata e dopo qualche centinaio di metri si ferma nel cortile di un capannone anonimo dove, stando all'insegna sull'entrata, si costruiscono finestre in alluminio anodizzato. L'interno è vasto e colpisce il fatto che l'intera superficie è sgombra, se si escludono alcuni bancali su cui, stando alle etichette, sono impilate scatole contenenti confezioni di noodle, gli spaghetti asiatici, oltre a quattro enormi blocchi di marmo bianco.

Nei pressi di uno di essi sono sistemate due seggiole, su una delle quali è seduto Corallo. Le cose si sono aggiustate: voleva solo accertarsi di quanto il turco sapesse a proposito di Coleman ma ora, grazie alla soffiata di Mulligan, può invece utilizzarlo per sequestrare Turano.

– Siediti Bulkut, accomodati.

I due energumeni si sono appostati alle spalle del biker mentre il piccoletto si è piazzato a fianco del suo capo.

– A cosa devo il piacere del cortese invito, Corallo? – replica il turco sarcasticamente.

– Non fare lo spiritoso. Noi non abbiamo niente da spartire, come sai, a parte gli affari.

– Dov'è Ryan, cosa gli è successo?

Uno dei gorilla al suo fianco lo colpisce con uno schiaffone.

– Ehhhh... quale foga, che irruenza! Sei giovane e se vuoi diventare vecchio devi stare calmo, ponderare le domande, quando le fai.

– Mi basta una telefonata e vi scateno contro...

Altro schiaffone.

– Cosa vuoi scatenare? Te l'ho detto, ragiona: sai bene con chi hai sei in affari no? conosci il tuo pollaio. Le regole sono regole e per imporle devi essere tu quello che offre di più a chi le vuoi imporre. Altrimenti, senza regole e se non sei tu il più generoso, in capo a una settimana ti sbranano. Sono io a passare il business a voi Bulls, giusto? Fattene una ragione: ti conviene darti una calmata?

– Cosa vuoi da me Corallo? – sibila Bulkut.

– È successo un incidente... ora senza scendere in dettagli... c'è stata una discussione piuttosto accesa e a Coleman è successo un guaio, un guaio grosso...

– Prima mi consegni chi ha combinato il guaio, poi parliamo d'affari.

Terzo schiaffone, questa volta sul naso, che inizia a sanguinare. Il secondo gorilla ha estratto un'automatica.

– Recep, non farmi perdere la pazienza. Pino, dagli dei fazzolettini di carta... dunque stavo dicendo che come conseguenza di questo incidente adesso sei tu il capo del gruppo qui a Sydney giusto?

– Giusto.

– Noi, anche se a volte capitano degli inconvenienti, teniamo fede agli impegni presi e anche se potremmo rivolgerci altrove, così magari scatenate una bella resa dei conti e vi scannate tra di voi, siamo disposti a continuare a lavorare con i Bullhornes, chiaro fino a qui?

Recep si limita ad assentire con il capo.

– Coleman aveva parole di stima per te e non a caso ti ha fatto nominare suo vice. Ma in ogni caso, prima di darti degli incarichi di una certa responsabilità dobbiamo accertarci della tua affidabilità, mi capisci?

– Continua.

– Qualcuno ha assistito all'incidente e poi è fuggito. Ed ora, secondo le nostre informazioni, vuole raccontare tutto alla polizia. Ma noi ovviamente non vogliamo che questo accada.

– Quindi il patto sarebbe...

– Calma ti ho detto. Vedi quei bancali laggiù? Sulle etichette c'è scritto noodle, roba che viene da Hong Kong, ma dentro le scatole ci sono quattordici chili e mezzo di ice. Uno navigato come te sa certamente cosa ci si può fare con tutta quella merda no?

– Centocinquanta per quattordici... – prende a computare Bulkut.

– Duecento per quattordici e mezzo, non centocinquanta, è roba al novantacinque per cento. Non ti sforzare, i conti li ho già fatti io: sono due milioni e nove, più o meno. Quello che ci fai col taglio, a noi non interessa, quelli sono affari tuoi. E siccome ci devi fare questa cortesia, ti diamo un paio di settimane in più del solito per pagare il dovuto.

– Ma duecento è da ladri, se mi rivolgo...

Il calcio della pistola si abbatte sulla scapola sinistra del turco a cui sfugge un gemito di dolore.

– Che irruenza – scoppia a ridere Corallo – ancora non hai capito chi dirige le operazioni qui. Dicevo, duecento al chilo da dare in pasto ai tuoi cavalieri motorizzati e centomila sull'unghia per te, a titolo di gentlemen agreement. Prima però il "franchising" te lo devi guadagnare, mi spiego?

– Come? – taglia corto il turco.

– Una passeggiata per gente come te, l'uccellin del bosco si è rintanato in una gabbietta ritenendola sicura. Ma qualcuno ci ha riferito dov'è appesa la gabbietta. È in un buco di culo sulla New England Highway. Avverti i tuoi confratelli di Armidale e sali con qualcuno da qui, mentre loro scendono. Non ti servono molti uomini. Niente moto, solo auto comuni. Tutto quello che ti chiedo è di chiudere lo sportellino della gabbietta e portarmi il merlo vivo qui a Sydney. E per quanto ci riguarda, se l'operazione sarà portata felicemente a termine, diventerai in tutto e per tutto il degno sostituto di Coleman. Un buon affare no?

– Quando? – ribatte Recep.

– Mi piace il tuo essere così sintetico, di poche parole. Subito Bulkut, subito. Adesso ti riportiamo a Revesby: hai il resto della mattinata e tutto il pomeriggio per organizzare la cosa. Agirai stanotte, così evitiamo che il tipo cerchi di svignarsela. Prima di salutarci ti verrà dato un portatile che userai solo per le comunicazioni con noi e che poi butterai nel cesso dopo aver distrutto la sim-card. Per le spese eccoti diecimila dollari in contanti – conclude Corallo porgendogli una busta gialla rigonfia.

Pur massaggiandosi la spalla contusa e mantenendo uno sguardo tutt'altro che amichevole, Bulkut sembra ora essersi alquanto rilassato. Prende la busta, ne solleva il lembo superiore e con una rapida occhiata conta il denaro.

Prima che riapra bocca, un buon minuto dopo, il silenzio è assoluto, la tensione si taglia con il coltello:

– D'accordo, accetto – sentenzia cerimoniosamente tendendo la mano verso il calabrese.

– Saggia decisione – ribatte l'altro con sarcasmo, provocando nei suoi guardiaspalle una schietta risata. A loro beneficio e assumendo teatralmente una rigidità formale che sa di presa in giro, con lentezza e osservando Bulkut con fissità, ricambia la stretta di mano.

Capitolo 32

Capitolo 33

7 aprile 2015

- Capo, dovrei parlarle.

- Dimmi Victor, solite grane con l'ufficio del Procuratore?

- No... per la verità...

- Va bene, dimmi, ma veloce: ho un meeting in tribunale alle dieci e mezza.

- Veramente, se non le dispiace, vorrei parlarne in privato, non per telefono.

- Perché parli così piano Victor?

- È una cosa delicata Capo, se potessi...

- D'accordo, in fretta, non più di cinque minuti.

- Saranno sufficienti, arrivo subito.

Dopo essersi guardato con attenzione attorno, Colapresti si avvicina alla porta a vetri dell'ufficio di Kavalski e dopo aver bussato lievemente entra.

- Cosa c'è Victor, sputa il rospo.

- Be'... ecco... come le dicevo è una cosa delicata, seria.

- Ti ascolto, dai, ho fretta, te l'ho detto.

- Non è facile...

- Siediti Victor. Qualche problema per la tua... per via che... sì insomma dei tuoi gusti sessuali? Qualcuno si è permesso?

- Indirettamente ma... no è più seria la cosa Capo.

- Insomma, la stai facendo cadere dall'alto e mi sto innervosendo. Cosa cazzo è successo?

- Io... io... - e il sottoposto non riesce ad andare avanti: si prende il viso tra le mani, china il capo sulle ginocchia e inizia a singhiozzare.

- Ma allora è una cosa grossa. Parla!

Traendo un profondo sospiro, come a cercare il coraggio per andare avanti, Victor rialza la testa e con gli occhi inondati di lacrime e con la voce strozzata confessa:

- Ho trasgredito alle regole Capo, ho fatto una cosa indegna del giuramento che ho prestato prima di indossare la divisa di poliziotto.

- Cosa? Trasgredito tu? Ma se sei uno di quelli di cui mi fido di più qui dentro, uno dei più seri e ligi alle procedure.

- E per questo quello che ho fatto è ancora più grave.

- Butta fuori subito o ti giuro che ti faccio passare dei guai.

- Ho passato a Mulligan le informazioni che riguardano Turano. Prima, quando alla fine della riunione con Ferraro sono andato a prenderle il caffè, mi ha seguito alla macchinetta e mi ha ricattato. Tempo fa mi ha beccato che facevo lo scemo con un ragazzo al Circular Quay. Prima ha minacciato di spargere la voce se non gli avessi ripetuto per filo e per segno ogni cosa detta nel suo ufficio tra lei e Ferraro. Così io, terrorizzato dalle possibili conseguenze, ho ceduto, ho riferito tutto.

- Cosa? Fammi capire bene: tu hai riferito a Mulligan quello che ci siamo detti io e Ferraro? Hai passato informazioni sensibili a un collega non coinvolto direttamente in quella operazione?

- Sì Capo, ho fatto un'enorme cazzata!

Fino a quel momento Kavalski è rimasto in piedi a due passi da Colapresti. Udite quelle parole, fa il giro della scrivania, si siede nuovamente sulla sua poltroncina ergonomica e appoggiati i gomiti sul piano di lavoro, prende a massaggiarsi le tempie, segno questo, di un nervosismo esasperato.

- Cosa gli hai detto di preciso?

- Di Turano. Gli ho detto della sua telefonata a Nick; gli ho detto dove si è nascosto, perché si nasconde e infine che Nick stasera salirà a prenderlo.

Dopo qualche decina di secondi di silenzio, interrotti solo dai singulti trattenuti a stento da Victor, Kavalski rialza il capo e digita un numero sulla tastiera del telefono.

- Cunningham, chiama l'ufficio del Procuratore e avvertili che ritarderò di qualche minuto. Inventati una scusa, che ne so... il traffico... qualcosa...! E poi mandami subito Mulligan, grazie.

Poi mette giù la cornetta e prende a fissare direttamente negli occhi il suo sottoposto.

Victor non regge lo sguardo e china il suo a terra.

- Guardami in faccia, stronzetto. Non me l'aspettavo da te. Per lo sgarro al regolamento, certo, ma soprattutto perché sapevi che se fossero venute fuori delle grane per il tuo... chiamiamolo problema, dovevi solamente dirmelo e io avrei messo sull'attenti chi ti rompeva i coglioni.

Qualche altro secondo di silenzio e poi:

- Io ti ho dato fiducia, ti ho scelto come mio assistente personale e tu cosa fai? Tu non ricambi e la mia fiducia, la mia stima le prendi a calci. Ma di questo parleremo dopo. Per prima cosa adesso, mi dai il distintivo e la pistola, ti faccio accompagnare a casa e resti piantonato. Considerati a disposizione delle autorità.

Rialza la cornetta:

- Cunningham, fai venire un'auto in borghese con un agente per accompagnare Colapresti a casa. Subito.

- L'auto gliela mando immediatamente Capo e... - la voce femminile si interrompe.

- Cos'altro c'è? - sbotta irato Kavalski

- Volevo dirle, Mulligan in giro non c'è, nessuno l'ha visto nell'ultima mezz'ora.

Il Commissario riattacca con una smorfia spaventosa:

- Sai una cosa Victor? Sei fortunato perché devo scappare subito. Il tempo che impiegherò per arrivare dal Procuratore lo userò per cercare di mettere a posto il guaio che hai combinato. Poi però, con calma, mi occuperò anche di te. E credimi, non te la faccio passare liscia, saranno cazzi tuoi, ti do la mia parola. E adesso, fammi la cortesia, sparisci dalla mia vista prima che perda il controllo e faccia qualcosa di spropositato. Fuori!

Capitolo 33

Capitolo 34

7 aprile 2015

Le due Commodore della NSW Police senza segni identificativi procedono a velocità sostenuta sulla New England Highway. I fari dell'auto che guida la comitiva sciabolano frugando nella notte e illuminano lo scorrere monotono della striscia di asfalto che taglia la campagna del New South Wales. Scorci del paesaggio circostante si rivelano agli occhi degli occupanti delle due auto: un panorama brullo, con lo sfondo dei primi contrafforti delle Great Range più lontano, a levante. Il terreno è piatto e solo occasionalmente movimentato dalla rapida visione di enormi eucaliptus, di baracche di lamiera ondulata arrugginita dal tempo oppure dalla precipitosa fuga di branchi di canguri terrorizzati dal rumore dei motori.

I due equipaggi hanno lasciato la centrale di Sydney poco oltre le cinque del pomeriggio, quando le prime ombre del crepuscolo facevano capolino sulla città, e hanno appena oltrepassato l'abitato di Tamworth. Sono quasi le nove di una serata mite, fatto insolito per quella zona, considerato il periodo dell'anno. Il cielo è attraversato da banchi di nubi, alternati qua e là da sprazzi di volta celeste punteggiata di stelle. I due gruppi hanno tre componenti ciascuno. Oltre all'ispettore, a capo della spedizione, chi ne fa parte è stato scelto perché, come egli ama affermare, tra quelli affidati alle sue cure e ognuno per specifici meriti, è il migliore.

Alla guida dell'auto in testa alla spedizione è Samantha Bodevic, per i colleghi Mongoose, bosniaca di nascita, riparata da bambina in Australia con i genitori per sfuggire alla carneficina balcanica degli anni '90. Ventotto anni, l'ovale del viso regolare e due occhi gelidi, indagatori che durante gli interrogatori fissa sul colpevole senza distoglierli e infine colpire con un guizzo verbale che lo inchioda alle sue responsabilità. Proprio come la mangusta, che fissa il cobra, ne provoca l'attacco, lo schiva e infine attacca e ne spezza la spina dorsale, uccidendolo. Samantha è in grado di mantenere una calma glaciale e questa sua capacità ne ha fatto anche la più talentuosa e spericolata conducente del gruppo. Cinque anni prima, a seguito di una brillante operazione culminata con un inseguimento come solo nei polizieschi movimentati si può vedere, Nick l'ha voluta nella sua squadra e non si è mai pentito di quella decisione. Gli anni di duro lavoro investigativo fianco a fianco hanno creato tra i due un affiatamento e un grado di fiducia reciproca abbastanza raro nel dipartimento Crimine Organizzato. E poi Ferraro, cinquantenne e senza figli, nutre nei confronti della giovane collega un sentimento ben radicato, sebbene mai manifesto, molto simile a quello che prova un padre per una figlia.

Al fianco della donna siede Ian "William Tell" McInnerney, un giovanotto venticinquenne dal fisico compatto, il cui cognome denota l'origine irlandese. Ian è un concentrato di centosettantacinque centimetri di muscoli sovrastati da un viso d'angelo che spesso trae in inganno chi lo fronteggia. Un grave errore tattico, questo, perché a chi subisce le sue attenzioni capita di allentare la vigilanza e inevitabilmente si ritrova con la sua Glock 40 millimetri sotto il naso. Ian però, nervi d'acciaio, non ha mai sparato, tranne che quella volta che per difendersi da una aggressione a mano armata, grazie alla precisione del tiro da cui deriva il suo soprannome, neanche ferì il suo aggressore ma si limitò a fargli saltare via dalla mano l'arma impugnata.

Il viso di Nick Ferraro, il capo missione, semisdraiato e pensieroso sul sedile posteriore, è caratterizzato da un colorito olivastro, retaggio di antenati mediorientali sbarcati sulle coste di quella Calabria da cui la sua famiglia ha origine. Oltre ai folti capelli ingrigiti, sul volto dell'investigatore spiccano un paio di baffi ben curati dello stesso colore e due occhi nerissimi ed estremamente vigili.

Entrato in polizia dopo l'accademia di Goulburn con il grado più basso, quello di constable, fece ben presto sua la convinzione che non si finisce mai di imparare, qualunque sia l'attività scelta. Non ha mai smesso di studiare, di aggiornarsi, di seguire corsi di perfezionamento tenuti da criminologi. E se molti dei suoi colleghi alternavano alle indagini sul campo centinaia di ore a perfezionarsi nell'uso delle armi da fuoco, lui ha sempre preferito l'atmosfera rarefatta e silenziosa della State Library di Macquarie Street al rumore e al pungente odore di cordite del poligono di tiro. The Professor è il soprannome affibbiatogli con un pizzico di sarcasmo da alcuni suoi colleghi, invidiosi forse dei suoi successi investigativi. Questi ultimi, insieme agli anni di servizio, agli esami sostenuti, ai test attitudinali superati con ottimi risultati, gli hanno permesso di raggiungere il grado di ispettore. Nick abbozza, fa finta di non sapere del sarcasmo con cui viene apostrofato. Ha imparato ad accettare il suo insaziabile desiderio di perfezionamento e sa quanto esso abbia giocato un ruolo importante nell'avanzamento. Ma sa anche quanto importante è risultato, per il conseguimento dei suoi successi in quella specifica branca di anticrimine, la lotta alla 'ndrangheta, il fatto di essere cresciuto in un determinato ambiente, quello della comunità calabrese degli emigrati degli anni Cinquanta.

Ha sposato Elizabeth Bianco, pure lei figlia di calabresi emigrati e a dispetto delle tradizioni consolidate i due non hanno voluto avere figli. Da anni oramai tra loro si è instaurato un rapporto basato unicamente sul reciproco, profondo rispetto e su un sentimento di tenerezza, di attenzione, di dolcezza a tanti negato perché incomprensibile. La passione con gli anni è andata affievolendosi, ma Nick l'ha cercata e ritrovata nel suo lavoro mentre Elizabeth l'ha riversata nel volontariato presso una organizzazione a favore della conquista e della difesa dei diritti del popolo aborigeno australiano di cui con gli anni è diventata una rispettata e stimata paladina.

Sull'auto al seguito, alla guida è James Cho Lin, un piccoletto alto un metro e sessanta di altezza per sessanta chili. Sottovalutare, a motivo delle sue caratteristiche fisiche, la sua pericolosità è un errore che come per il collega di origini irlandesi, ma per motivi diversi, chi commette paga caramente. Figlio di emigrati cinesi, i colleghi lo chiamano, provocandone rossori e compiacimento, Bruce Lee. Come il campione di arti marziali protagonista dei film degli anni '70, è in grado di abbattere e neutralizzare nel volgere di pochi istanti parecchi avversari contemporaneamente, grazie alle tecniche di combattimento padroneggiate in pieno.

Al suo fianco è seduto Andrew Brine, detto Bolognaise, a causa della sua insana passione per la pasta condita con il ragù. Insana per il consumo smodato della pietanza condita con la salsa emiliano-romagnola e le dosi abbondanti di burro: le aggiunge al condimento per legare il tutto, asserisce convinto. Le abbondanti libagioni però, hanno come visibile effetto alcuni rotoli di ciccia accumulatisi nella zona dei fianchi e sotto il mento. Il suo colesterolo è fuori controllo e il suo medico curante lo redarguisce continuamente prospettandogli un futuro su una sedia a rotelle come conseguenza di un ictus o direttamente in una cassa di mogano a causa di un infarto. Ma lui abbozza sorridendo, convinto com'è che datasi la professione che svolge, è preferibile morire assaporando l'intima goduria procuratagli dalle papille gustative, piuttosto che stroncato da un proiettile calibro 238 Special.

Ma è proprio quando si tratta di lavoro che la pasta trafilata al bronzo cede senza drammi il ruolo di protagonista ai marchingegni informatici, ai suoi grafici, alle sue statistiche, ai nuovi algoritmi da inserire nel suo programma per renderlo più efficace e scovare traffici finanziari, riciclaggio di denaro sporco. Il suo mito è Vikingson, quello dell'Operazione Dayu e come il suo collega più anziano Andrew non è semplicemente un analista, Andrew è, al momento, il meglio sulla piazza e in un'epoca in cui il crimine si sviluppa sempre più su corsie telematiche, è diventato un elemento insostituibile.

* * *

Uno dei motivi per cui la criminalità organizzata si è radicata in Australia, e in tanti altri paesi, è il fatto che, se si esclude chi la combatte, l'uomo della strada continua a raffigurarla con lo stereotipo del brigante con la coppola in testa e la lupara sulle spalle. Nel XXI secolo però, la criminalità fa affari sfruttando internet per non essere intercettata dagli investigatori e per gestire i propri business. Imprenditori avidi e per questo senza scrupoli, agiscono da prestanome per conto delle 'ndrine, riciclando somme colossali accumulate con attività illecite e reinvestendole in cospicui patrimoni immobiliari e consolidati pacchetti finanziari. Questi tesori, attraverso un giro di aziende fittizie, le cosiddette "scatole vuote", generalmente domiciliate in paradisi fiscali, tornano così, ripuliti, nella disponibilità di coloro che inizialmente hanno messo a disposizione i capitali.

Le forme del crimine di vecchio stampo quali il gioco d'azzardo, la prostituzione, il traffico di armi, di droga, di organi, il riciclaggio, la truffa, il furto, si sono telematizzate.

La crescita del volume d'affari è esponenziale: basti pensare che il G.E.C.S (Global Economic Crime Survey) pone il cybercrime al secondo posto fra i crimini economici. Il denaro può essere movimentato in tempi brevissimi, con pochi click e con una incrementata difficoltà per le forze dell'ordine di monitorare le transazioni finanziarie.

Non deve dunque sorprendere se non molto tempo fa, un capobastone intercettato al telefono si esprimeva con un suo sodale in questi termini:

- Io cerco nuovi adepti nelle migliori università mondiali e tu vai ancora cercando 'sti quattro scemi in mezzo alla strada che vanno a fare così, bam bam? Io cerco quelli che fanno così, invece, pin pin! Che cliccano! Quelli cliccano e movimentano! È tutta una questione di indice, capito?

* * *

Sul sedile posteriore, cercando una improbabile posizione comoda considerate le sue dimensioni, è allungato e russa alla grande il gigante della compagnia, Jack "Coconut" Ongoloka, un orfano di genitori polinesiani di Tonga, giunto in Australia in tenera età grazie al richiamo dei suoi zii residenti a Sydney. Dopo le superiori, frequentate grazie a una borsa di studio per meriti accademici, seguendo il suo innato istinto per la giustizia Jack aveva deciso di entrare in polizia, aveva fatto domanda, era stato accettato e unendo gli introiti del suo lavoro nei fine settimana come buttafuori in un locale notturno insieme all'H.E.C.S. (1), si era pagato la retta dell'Accademia a Goulburn.

Poco tempo dopo aver indossato la divisa blu delle forze dell'ordine come agente in prova, un giorno era fuori servizio e casualmente si trovava a passare in un vicolo retrostante Victoria Street, a King Cross. Avendo sorpreso uno spacciatore, anche lui piuttosto ben messo, mentre serviva un cliente. Quando il pusher lo aveva minacciato armato di un coltello di quelli in uso alle truppe d'assalto, aveva reagito tramortendolo con un unico schiaffo.

Nick stava pedinando il pusher con la speranza di scoprire da chi questi si rifornisse. Era sì rimasto contrariato dall'inopportuno intervento di quell'omone ma comunque impressionato dal suo coraggio e dalla destrezza unita alla prestanza fisica espressa in quel solo gesto. Una volta qualificatisi, il giovane sottoposto era scattato in posizione marziale ma il superiore, pur abbozzando, lo aveva messo a suo agio e si era annotato il suo nome e la centrale di appartenenza. Aveva poi fatto i passi necessari per averlo con sé nella sua squadra. Grazie a quell'episodio e al fatto che Nick l'avesse scelto, Jack aveva superato brillantemente il suo apprendistato. Ferraro ne aveva ottenuto in cambio eterna riconoscenza e l'appellativo di Papà, con cui gli si rivolgeva anche pubblicamente provocandogli una certa dose di imbarazzo.

– Cosa può aver spinto uno come Carmine a lavorare per un delinquente come Corallo? – si chiede Nick mentre cerca una posizione più comoda sul sedile posteriore dell'auto.

La domanda è pertinente se si considera che i due sono cresciuti insieme in quelle vie dove l'odore di soffritto di aglio e cipolla usciva dalle finestre delle case insieme alle urla, spesso in dialetto, dei litigi familiari e alle melodie di Villa, della Pizzi, di Luciano Tajoli trasmessi dalla radio italiana locale, che accentuavano la nostalgia che chi le ascoltava aveva per la madrepatria.

Le loro erano famiglie di gente onesta, lavoratori che si erano rotti la schiena per comprare la casa e per far studiare i figli e non erano certo stati i loro genitori a spingerli a frequentare quella gente.

Poi, dopo le superiori, quando con gli anni era sopravvenuta una maggiore consapevolezza e le voci, i sussurri che circolavano riguardo a quelle famiglie erano giunti anche alle loro orecchie, avevano imparato da soli a prendere le distanze da certi individui.

– Del resto, a pensarci bene – considera Nick – una sola era la famiglia più chiacchierata, quei Mennuliti, pieni di spocchia...!

I ricordi ritornano vividi, quasi fossero passati solo pochi giorni dai fatti che gli tornano alla mente. Appena arrivati dalla Calabria il vecchio Mennuliti, il capostipite, non si sa con quali soldi, aveva aperto una trattoria a Darlinghurst. Dopo un paio d'anni l'avevano venduta e avevano rilevato un bar notturno a King Cross, nella piazza davanti al monumento di El Alamein, nei Fitzroy Gardens. Correva voce che ci fosse un giro di prostitute nel locale e Nick, sorridendo, ricorda di come, ragazzotti che facevano i conti con i primi pruriti, fantasticavano di chiedere a Carmelo, loro coetaneo e rampollo della famiglia chiacchierata, di fargli conoscere una di quelle signorine. Si trattava di poter controbattere agli sfottò dei più grandi, potendo asserire di aver avuto, sebbene solo adolescenti, la loro prima esperienza sessuale completa.

Ma non fu cosa, ben presto i chiacchierati vicini di casa erano andati ad abitare a Killara, in una villa con parco, una zona dove le cadenze venete, calabresi, piemontesi, siciliane, abruzzesi erano state sostituite da quelle cockney dei britannici per bene.

– Ma Carmine, Cristo, Carmine era un bravo ragazzo. Viziato sì, unico figlio maschio, ma in fondo un bonaccione che aveva tirato il più a lungo possibile con il suo cazzeggiare, mille lavori, cento fidanzatine, qualche marachella giovanile come tutti, però con certi princìpi ben inculcati in testa. E quando gli capitò l'incidente con Jennifer lo dimostrò comportandosi da persona con la testa sulle spalle e la sposò.

Intanto Nick era entrato in polizia, poi anche lui si era sposato, Carmine e Jenny avevano avuto la bambina e si sa come vanno queste cose no? Il lavoro, la casa in un altro quartiere e poi le distanze in questa città, i ritmi frenetici...

Ferraro sapeva di quel suo lavoro con il camion per quella macelleria e spesso si era chiesto perché il suo vecchio compagno di giochi non cercasse di sistemarsi meglio.

– Ma lui è sempre stato così – considera amaro Nick – bravo sì ma facilone, uno a cui gli sforzi necessari a fare passi avanti non sono mai piaciuti e le responsabilità che un lavoro ben pagato porta con sé le ha sempre evitate.

Erano passati anni senza alcun contatto. Sì, alcuni incontri occasionali per la festa del santo patrono al Club Marconi (2) quando aveva potuto portarci Elizabeth, sua moglie. Del resto lei non era particolarmente entusiasta, ci si andava per fare piacere ai genitori, ma in generale, dopo quelle sporadiche occasioni, non c'erano stati più contatti. Poi ieri, dopo anni, improvvisamente, la telefonata di Jennifer, la paura colta nella voce implorante della donna. A Nick erano bastate quelle poche frasi interrotte dai singhiozzi per capire con chi quel cazzone si è messo a lavorare, per cogliere la gravità della situazione, del resto confermata dalla seconda telefonta ricevuta, quella del suo vecchio amico di gioventù.

– Si è svegliato di colpo, povero Carmine. Ma adesso il vecchio amico d'infanzia viene e ti tira fuori dai guai, perché il tuo vecchio amico d'infanzia, quello delle gare di seghe dietro il muretto della panetteria Bonetto, sa esattamente con chi ha da fare, conosce a menadito il come, il quando, il perché di certe inaudite ricchezze.

Ferraro ha impiegato anni a fare il segugio per chiarirsi certe dinamiche, per documentarle, per cercare di renderle credibili – ché a volte incredibili sono – agli occhi di chi nella posizione di poterle stroncare, talvolta in malafede ma spesso semplicemente per miopia, per stupida spocchia nazionalista o per interessi elettorali, preferisce invece fare finta di niente, fare finta che il cancro della 'ndrangheta non abbia attecchito anche nel tessuto sociale australiano. E così con il tempo, anno dopo anno, questo tumore corrompe l'economia sana con quella criminale, quella fatta con i traffici di droga, di armi, di rifiuti tossici, quella dei miliardi riciclati e messi a fruttare a beneficio delle cosche predominanti. Altro che coppola! Altro che lupara!

– Perché uno lo fa Carmine? – chiede retoricamente Nick visualizzando i lineamenti dell'amico di vecchia data – perché invece di dirigere una qualunque squadra della buoncostume o dell'antirapina, uno si va a impelagare in certe storie, si prende certi rischi, passa notti su notti in bianco cercando di dipanare certe matasse con l'aiuto di maghi dell'informatica e della finanza, cercando di coordinarsi con i colleghi europei, statunitensi, sudamericani, perché? Te lo dico io perché caro Turano: perché quando cresci circondato dai bambini, dai ragazzi di altre etnie che ti sfottono sempre dandoti del mafioso per il semplice fatto che sei italiano, allora o sei sempre stato e continui a essere un qualunquista come hai fatto tu, oppure quando capisci che una minoranza di delinquenti basta a imbrattare di fango la maggioranza di quelli onesti, di quelli come tuo padre e mio padre, dodici ore al giorno a spalmare cemento per costruire un avvenire ai figli, allora ti girano i coglioni Turano, ti girano alla grande e l'unico modo per farli fermare è cercare di assicurare certa gente alla giustizia. E con loro assicurare alla giustizia anche i loro tanti complici, quelli che per interesse, per soldi, per il voto gli facilitano la vita.

Il viso di Turano viene sostituito da quello di Mulligan e alla mente di Nick riaffiorano tutte le battute piene di sarcasmo, le argomentazioni del collega secondo cui un buon poliziotto non spreca tempo dietro a delle supposizioni.

– Eccole qui le supposizioni Mulligan – sibila inferocito Ferraro – questi sono fatti, stronzo, questo se non glielo levo da sotto le grinfie io, lo fanno fuori.

E inevitabilmente quelle domande che oramai da ore affiorano e poi vengono sopravanzate da altre urgenze, riemergono ed esplodono nella sua mente: perché Mulligan ha sempre cercato di minimizzare, di fuorviare le cose? Perché i suoi spostamenti gli interessavano al punto di spingersi a ricattare quel povero ragazzo per farselo dire? Certo il collega, sempre così sicuro di sé, sempre così snob con tutti loro alla Centrale, non avrebbe mai supposto che anche un ragazzo pieno di problemi già per conto suo, uno che lui considera meno che di niente, avrebbe avuto un sussulto di orgoglio e lo avrebbe sputtanato, vero? Invece lo ha fatto e a quel punto la cosa ha iniziato ad essere decisamente sospetta.

– Andiamo Mulligan, uno più uno fa due! Kavalski ti manda da Jennifer per la storia della macchina bruciata e così vieni a sapere che Turano lavora per Corallo. Io con Corallo ho un conto in sospeso da anni, e lo sai. Così, quando rientri in centrale e mi vedi discutere con il Capo mangi la foglia. E a quel punto ricattare Victor diventa impellente per sapere cosa bolle in pentola.

A Ferraro viene in mente quella freddura attribuita ad un politico molto in vista, ma il cui patrocinio era però di un Papa:

- A pensare male si fa peccato ma il più delle volte si indovina - aveva asserito l'alto prelato.

La sintesi tra le sue precedenti considerazioni e l'affermazione del pontefice in questione, provoca al poliziotto una tale scossa nervosa da fargli sfuggire un lamento:

– Scommetto lo stipendio di un mese che tu e Corallo siete pappa e ciccia e siccome sei sul suo libro paga gli passi informazioni riservate.

Questa ipotesi spiegherebbe il perché, da anni, il malavitoso sia riuscito sempre ad evitare la cattura. E spiegherebbe anche perché, quando riappariva, tutti i suoi maneggi avevano trovato una giustificazione legale.

– Ma stavolta "a facisti fora du pisciaturi" (3) come diceva mio nonno quando noi bambini si esagerava. Ora, se così fosse, sei fregato perché Colapresti ti ha fatto le scarpe, non c'eri più in ufficio quando ha deciso di vuotare il sacco con il Capo. Chi sa dove avevi fretta di andare?

Quindi, se tutto va bene, grazie a Turano stasera Ferraro riuscirà a incastrare Mulligan e, con un po' di fortuna, anche Corallo.

– Bingo, come si dice.

E torna ad allentare la sua postura sul sedile: è ben consapevole del vantaggio datogli dalla confessione di Colapresti e ora può mettere in conto la variabile della probabile soffiata di Mulligan, sistemarla nel puzzle e trarne le conseguenze.

– Ecco perché stanotte ho voluto la squadra al completo invece di salire solo, come ti ha riferito Victor, perché inizialmente quello era il piano. Ecco perché siamo pronti a uno scontro a fuoco e siamo armati fino ai denti. Perché scommetterei un altro mese... macché mese... un anno di stipendio che Mulligan ha già avvertito Corallo e gli ha passato le informazioni estorte a Colapresti. Ma io ti faccio una sorpresina Mulligan e a Bendemeer non ci salgo da solo ma con una squadra pronta a tutto e con le forze speciali pronte a intervenire.

Inaspettatamente, considerato il suo carattere, un ghigno di perfida soddisfazione gli affiora sulle labbra e con in mente il viso di Corallo, un'affermazione, quasi un rantolo, gli sale in gola:
– 'Sta volta ti fotto!
Ma la frase gli muore lì dove era nata perché viene improvvisamente distratto da un inaspettato rallentamento dell'auto e dalla voce di Samantha:

– Guarda là Nick, a sinistra, in quella piazzola di sosta, due SUV con le luci accese e quattro o cinque uomini fuori. Strano a quest'ora di notte, qui poi.

In un attimo Nick realizza che tute le sue congetture sono diventate improvvisamente realtà:

– Non mollare, accelera – replica Nick con urgenza nella voce – fai finta di niente, tira dritto.

Dall'auto che segue la voce gracchiante di Cho Lin interroga:
– Che succede capo, perché rallentate?

Nick affera il microfono che Ian gli porge:

– Niente Bruce Lee, niente, tirate dritto. Ci hanno preceduto e ora ci hanno visto. Quindi piede pestato sul gas al massimo fino al paesello. Sveglia Coconut lo sento russare da qui: indossate i giubbotti e preparate l'artiglieria, questi non scherzano.

– Moonbi dieci chilometri capo, trenta al paesello – interviene Samantha.

– Pesta, pesta Mongoose – ribatte Ferraro – passami di nuovo il microfono Ian.

– Murena a centrale, passo, Murena a centrale, passo.

Tre secondi di attesa e una voce stridula risponde:

– Centrale a Murena ti ascolto, passo.

– Operazione Crown of thorns. Siamo a dieci minuti dalla destinazione. Avvistate due auto sospette, due SUV neri, 2 kappaemme nord di Tamworth, direzione nord. Fai appostare immediatamente Stella Marina, gli uomini dello SPSU (4) di Armidale sulla 56, a nord di Moonbi.

Proviamo a bloccarli, appena passiamo, voglio due camionette sulla carreggiata. Stessa cosa sulla A15 a nord di Bendemeer, a bloccare il traffico in direzione sud. Voglio la squadra di pronto intervento al paesello entro cinque minuti, falli muovere subito, direttamente sull'obbiettivo. Attenzione, sono armati, quattro o cinque uomini, più quelli che probabilmente sono scesi da Armidale, passo.

– Roger Murena, li faccio muovere immediatamente. Fate attenzione, passo e chiudo

Dopo un paio di minuti di silenzio la radio sfrigola nuovamente: è la voce tesa di Cho Lin a erompere nell'abitacolo dell'auto che guida la marcia:

– Sono dietro di noi capo, vengono giù a manetta.

– Pesta Samantha, pesta, mi servono venti secondi di vantaggio. Pesta ragazza che se la svanghiamo, stavolta ti pago otto ore a Eastern Creek a sfogarti su una V8.

Nello stesso momento sulla Cayenne alla testa del gruppo dei malavitosi, il clima è altrettanto concitato ma la discussione verte su altri temi:

– Cazzo Recep, che roba, mi pare di avere tirato su per il naso il generatore del mondo – sbotta uno degli uomini del turco, quello seduto al volante.

– Recep vi tratta bene – ribatte Bulkut - ma la ricreazione è finita. Adesso bisogna raggiungere gli sbirri e fermarli prima di Bendemeer così i Bros di Armidale possono fare il loro lavoro senza rompimenti di palle.

Poi aggiunge:

– Abbassa la musica e state zitti un attimo devo chiamare Goldsmith. Estrae il cellulare e compone un numero. Dopo qualche secondo dal vivavoce installato sull'auto una voce baritonale risponde alla chiamata:

– Che c'è Recep?

– Siamo quasi a destinazione ma c'è un intoppo...

– Merda...

– Lo sbirro non è solo, anzi è in buona compagnia, due macchine, saranno cinque o sei. Gli siamo alle costole, appena sono a tiro gli faccio un bello scherzetto coll'errepigi. Muoviti subito: il merlo è al pub, è confermato, lo prendi e lo porti ad Armidale, sistemo qui la grana e poi ti raggiungo e ci pensiamo noi a spedirlo in sicurezza a casa.

– Ok Recep, ricevuto – e la comunicazione viene chiusa.

È un lampo di fari abbaglianti, un flash, quello che illumina i visi esterefatti di John Mulgoa e Paul Severini, un paio dei rari avventori del pub di Moonbie, usciti per fumare una sigaretta sul portico del locale che dà sulla nazionale.

Il tempo che uno di loro commenti sulla folle velocità dei due veicoli ed ecco a breve distanza, qualche decina di secondi, la scena ripetersi e due utilities passare sfrecciando davanti ai loro occhi.

– Vai Gareth, pigia a tavoletta, dai che ci siamo – urla Recep – vai che gli diamo la buonasera a 'sti bastardi.

– Sono a tavoletta,capo.

– Vietcong fai segno a quelli dietro con la pila.

Il piccoletto dai tratti asiatici seduto dietro di lui accende e spegne tre volte di seguito la torcia a batterie, il segnale convenuto con l'equipaggio che segue per sfoderare le armi, per stare pronti a far fuoco.

Ora Ferraro vuole allertare i colleghi del posto di blocco predisposto qualche minuto prima:

– Murena a Stella Marina passo, Murena a Stella Marina passo – sibila convulsamente al microfono.

– Stella Marina a Murena, ti copio.

– State pronti, stiamo arrivando, li abbiamo quasi attaccati al culo. Avete dieci, quindici secondi, non di più. Accendete i motori, portate i furgoni sulla carreggiate e lasciato solo lo spazio per far passare una berlina. Appena siamo passati chiudete il passaggio e correte a ripararvi, sarà un bel botto, non se lo aspettano. Tutti con i giubbotti, pronti a rispondere al fuoco se serve, passo e chiudo.

- Roger Murena, ci muoviamo immediatamente, passo e chiudo.

Intanto sul primo dei SUV la tensione è alle stelle:

– Forza Gareth, dai che li ho quasi a tiro – urla Recep imbracciando il bazooka portatile – pesta, forza.

L'attenzione del guidatore è attratta da alcuni fasci di luce a bordo carreggiata, qualche centinaio di metri più avanti:

– Guarda capo, cosa sono quelle luci fuori strada che si muovono?
– Figli di puttana, stanno facendo un blocco...

In quell'istante le due auto della polizia oltrepassano i furgoni dei colleghi appostati sulla Statale.

Immediatamente i due agenti incaricati della guida posizionano i due veicoli a ostruire completamente la carreggiata abbandonandoli poi precipitosamente per ripararsi dietro a dei grossi tronchi lì dappresso.

A quella vista tutta la baldanza del turco sembra improvvisamente dissolversi:

– Frena, frena, meglio in galera che morto - urla.

Gareth però, gasato dall'alcaloide inalato prima, non è dello stesso avviso e non gli dà retta. Rallenta solo quanto basta a evitare la collisione e con una manovra folle riesce ad aggirare l'ostacolo lanciando il SUV nella piazzola di sosta alla sua sinistra, inseguito da una gragnuola di proiettili. Il lunotto posteriore viene colpito e va in frantumi, ma gli occupanti dell'auto restano incolumi.

Ai compari sul veicolo che segue però, i cinque secondi di ritardo nell'avvistare l'ostacolo sono fatali. L'autista dello sport utility vehicle tenta un'improbabile manovra di aggiramento sulla destra che si conclude malamente. Il veicolo si capovolge diverse volte prima di arrestarsi del tutto contro il grosso tronco di una quercia setosa. Alcuni istanti dopo, sulla scena illuminata da un grosso faro alogeno che fruga nel buio, due figure barcollanti escono con le braccia ben visibili sopra il capo. In lontananza, provenienti da Tamworth, le luci blu e rosse intermittenti delle pattuglie e delle ambulanze rompono l'oscurità della notte.

Sull'auto della polizia dietro quella occupata dal capo missione, gli occhi di Bolognaise si alternano senza interruzione dallo specchietto retrovisore alla striscia d'asfalto di fronte ai suoi occhi. Afferra il microfono:

– Uno l'abbiamo perso Nick, ma l'altro è ancora dietro di noi – erompe con voce ansiosa.

Interviene Samantha:

– Dodici chilometri all'obbiettivo Nick, pochi minuti e siamo lì – interviene Samantha.

La decisione di Ferraro è quasi immediata, richiede solo pochi secondi di valutazione:

– Fallo passare Samantha, fai passare Bruce Lee davanti, ce la vediamo io e Ian con quei bastardi – sibila Nick impugnando il microfono:

– Bruce Lee sorpassaci e fila dritto al pub. Se tutto va come programmato troverai via libera, carichi Turano in macchina e ti vai a infrascare in una viuzza del paese, se serve anche in un garage privato, sparisci, hai capito. Io e Ian cerchiamo di rallentarli.

– Ma capo...

– È un ordine Cho Lin!

L'auto condotta dal cinese ha appena finito di sorpassare quella guidata da Samantha, quando una scia luminosa si stacca dall'abitacolo della SUV inseguitrice e si dirige sinistramente verso l'auto sulla quale Papà, Mongoose e William Tell stanno viaggiando.

Il piano per fermare i fuorilegge che da Armidale sono scesi per dare manforte a quelli provenienti da Sydney è ben congegnato. Bolognaise, poco prima di partire da Sydney, ha pescato l'asso intercettando una chiamata di Bulkut al suo referente del capoluogo del New England.
Il punto prescelto per il posto di blocco è una piazzola di sosta a cinque chilometri da Bendemeer, tre sono le pattuglie impiegate nella missione. Contrariamente alla normale procedura però, gli agenti indossano tutti giubbotti antiproiettile, cosa questa studiata appositamente per fare insospettire un occhio attento ai particolari e provocare il tentativo di forzare il blocco facendo scattare l'intervento degli uomini delle SPSU, appostati a due chilometri dal centro abitato e pronti a intervenire.

La monovolume giapponese si avvicina al posto di blocco mantenendo la velocità entro i limiti stabiliti. L'agente incaricato espone la paletta luminosa e fa cenno al conducente di rallentare e incanalarsi nella corsia di emergenza. L'ingombrante autovettura rallenta ma quando è a qualche decina di metri dall'agente, improvvisamente acellera al massimo e prosegue nella sua corsa.

Il poliziotto ha appena il tempo per gettarsi di lato, mettendosi in salvo. L'allarme scatta via radio. Le truppe addestrate per operazioni ad alto rischio, hanno già piazzato i cavalli di frisia a bloccare la carreggiata e si sono appostati al riparo nelle vicinanze. Un loro ispettore con tre uomini scelti si sono già mossi in direzione di Bendemeer.

Il conducente della seven seaters ha intravisto qualcosa in lontananza e alza i fari per illuminare meglio la scena che rapidamente si avvicina.
- Lo saltiamo Goldsmith, lo saltiamo e andiamo a fare festa al paesello. Ma il capo della spedizione è di tutt'altro parere e reagisce con stizza a quelle parole:

- Ma cosa vuoi saltare idiota, sono cavalli di frisia quelli e avranno anche messo le bande chiodate, ci aspettavano non lo vedi? E probabilmente sono truppe speciali. Rallenta, metti le quattro frecce e poi fermati e scendiamo tutti con le mani bene in vista, niente cretinate o ci crivellano di colpi, non gli sembrerebbe vero di poter reagire a una nostra cazzata e stenderci tutti. Nessuna dichiarazione sul perché siamo qui, eravamo diretti a Sydney per dare il benvenuto ad un amico che ritorna dal servizio in Afghanistan. Tutto quello di cui possono accusarci è di aver saltato il posto di blocco. Chiaro?

- Chiaro - rispondono all'unisono altre quattro voci.

In direzione nord intanto, l'auto alla cui guida è Cho Lin ha guadagnato qualche centinaio di metri rispetto a quella su cui viaggiano Ferraro, Bodevic e McInnerney.

Quando finalmente i tre avvistano il cartello indicatore che segnala Bendemeer, le scie luminose indirizzate verso il loro veicolo, scie traccianti di proiettili anticarro, sono diventate quattro.

Se i tre occupanti dell'auto sono ancora vivi, lo devono unicamente alla perizia di Samantha alla guida. Nick ha visto la fiammata provocata dallo sgancio meccanico del primo proiettile e non ha potuto trattenere un urlo. Un rapido sguardo allo specchietto retrovisore e con un'eccezionale prontezza di riflessi la donna lo ha evitato abbordando una curva a velocità folle. Il secondo è esploso sulla corsia d'emergenza all'altezza della Commodore che ha sbandato paurosamente ma che non è uscita di strada in virtù di un'altra manovra spericolata effettuata dalla ragazza alla guida. Capita l'antifona Samantha non ha più perso di vista lo specchietto retrovisore e visti partire il terzo e poi il quarto proiettile, li ha evitati con improvvisi cambi di direzione e sbandate tanto paurose quanto controllate.

- Buttati in una stradina laterale, Mongoose, dobbiamo portarli fuori, non possiamo rischiare l'incolumità degli abitanti.

- Lascia fare a me capo, li porto in collina a fare il picnic - e con una secca frenata seguita da una sterzata assassina imbocca uno stradello in terra battuta che si inoltra nei campi.

Da dietro hanno cambiato musica, è un AK47 a cantare adesso e ben presto il lunotto posteriore vola in frantumi.

Samantha continua a guidare imperterrita imprimendo all'auto continui cambi di traiettoria; seminascosti dai sedili, Ian e Nick, quando possono, rispondono al fuoco.

Ad un tratto, all'altezza di un capannone che ha tutto l'aspetto di essere una stalla, uno dei proiettili del fucile d'assalto sovietico colpisce il pneumatico posteriore sinistro del veicolo degli inseguiti. L'auto sbanda di brutto, sfonda uno steccato lungostrada e prosegue la sua corsa in un ampio cortile di terra battuta.

- Dietro il capannone, Mongoose, dietro il capannone, là dietro quei tubi di cemento, mettiti di traverso e giù subito tutti e cerchiamo di non farci impallinare come tordi.

La manovra riesce e i tre si riparano dietro i grossi tubi da condotta. Il SUV si è fermato a non più di cinquanta metri, i tre occupanti sono scesi e al riparo della voluminosa carrozzeria, scaricano sui tre investigatori una gragnuola di colpi.

Dalla radio la voce ansiosa di Cho Lin:

- Capo, Turano è in salvo, i marines sono con lui. Dove siete? Tra un attimo siamo lì a tirarvi fuori dai guai.

Avendo cura di tenersi al coperto, McInnerney, il più vicino all'abitacolo riesce, allungando il braccio in una posizione impossibile, ad afferrare il microfono:

- Appena fuori dall'abitato, Bruce Lee, non li senti i fuochi d'artificio? Fate presto, siamo in trappola.

Al suo fianco Samantha e Nick appena possono rispondono alle salve di proiettili che le mitragliette dei Bullhorns vomitano senza tregua.
Ad un tratto Ian emette un urlo e si accascia al suolo: una chiazza di sangue si allarga velocemente sulla camicia bianca all'altezza del fianco destro.

Samantha, furibonda, urla qualcosa in bosanski jezik, la sua lingua natia, e istintivamente fa il gesto di alzarsi mentre scarica tutta la potenza di fuoco del suo revolver sugli assalitori.

Nick dura fatica a trattenerla con forza al suolo; un secondo dopo una raffica di confetti si abbatte sul tetto della loro auto, ormai crivellata di colpi.

Intanto la pioggia ha iniziato a scrosciare fitta. Il vago chiarore dei lampi illumina sinistramente la scena mentre in lontananza una decina di cacatua bianchi si allontanano garrendo spaventati dal fracasso dell'artiglieria.

Il suono delle sirene delle altre auto si avvicina velocemente. In un attimo i rinforzi sono a distanza di fuoco, cinque o sei uomini dell'antisommossa saltano giù dalle auto e aprono il fuoco contro Recep e i suoi due compari. È questione di secondi e i due guardaspalle del turco cadono fulminati dai colpi dei militari. A quella vista Recep, ormai vinto, getta a terra la sua arma e alza le braccia mentre in contemporanea Nick salta fuori dal suo rifugio urlando:

- Non sparate, non sparate, mi serve vivo.

Poi volge lo sguardo verso i suoi agenti: Mongoose sorregge il capo di Willian Tell. Questi la fissa con una espressione dolorante su cui però si disegna la smorfia di un forzato sorriso.

- L'ho sempre saputo che tra qui due c'era del tenero - pensa l'ispettore mentre dal suo petto erompe un rumoroso sospiro di sollievo.

(1) - Prestito concesso dal governo agli studenti di scuole terziarie per pagare il corso di studi, da restituirsi dopo che i beneficiari hanno un impiego e hanno raggiunto un certo livello di retribuzione.

(2) - Storico club situato nei quartieri ovest della città e frequentato in maggioranza da italiani appartenenti alla prima ondata migratoria in Australia.

(3) L'hai fatta fuori dal vaso.

(4) - State Protection Support Unit, quelle che in Italia vengono chiamate Teste di cuoio.

Capitolo 35

24 dicembre 2015

Ci sono spiagge e spiagge.

Quelle in prossimità delle aree dove si estrae petrolio o lo si raffina, ad esempio, punteggiate da grossi e scuri grumi di greggio, la "risciacqua-tura" lasciata al largo dalle petroliere prima di ricaricare oro nero e re-stituita alla madre terra dalla corrente dell'oceano. Grumi la cui collosa tossicità rappresenta la morte per migliaia e migliaia di animali marini.

Ci sono spiagge cementificate, un po' ovunque, preda delle speculazio-ni selvagge di individui che hanno costruito a due passi dal mare perché hanno ottenuto il via libera da politici locali corrotti e disposti a tutto pur di ottenere benefici economici oppure voti di scambio. Poi, appena il mare diventa impetuoso e si porta via un pezzo della loro speculazio-ne, grazie ai loro consulenti legali, pagati proprio per questo, trovano sempre il modo di addossare le responsabilità dei disastri ai politici eletti grazie al loro finanziamento.

Li querelano, chiedono i danni e grazie alla expertise dei principi del foro qui sopra citati, generalmente li ottengono. Va da sé, quasi banale il ricordarlo, ma il peso di tali compromessi finisce sempre per gravare sulle spalle di tutti i contribuenti e, di conseguenza, ne svuota le tasche.

Ci sono spiagge pietrose formatesi con lo scorrere dei millenni alla foce di torrenti che d'inverno sono impetuosi ma poi in estate, al primo caldo, si riducono a rigagnoli dove solo le anguille riescono a sopravvivere. Guai ad avventurarcisi a piedi nudi: si rischia di ustionarsi i piedi o slogarsi una caviglia. Sono spiagge infatti, poco frequentate: giusto qualche turista estivo imbaldanzito oppure, specialamente in inverno, le rare coppie di amanti senza un rifugio da condividere per dare sfogo al loro urgente desiderio.

Ci sono poi spiagge sovraffollate, cosiddette turistiche, dove il puzzo delle creme solari si mischia a quello dei fritti di mare congelati in partenza e all'arrivo gommosi e saturi di olii usati decine di volte.

Litorali sabbiosi su cui le pallonate ricevute dai bambini che giocano a calcio nel metro quadrato di sabbia accanto al vostro, fanno il paio con la sabbia negli occhi proveniente dai teli da bagno scrollati accanto alla vostra sdraio dal solito bifolco ignaro dei fondamenti basilari del vivere in una collettività. Bagnasciuga su cui i suoni stridenti della canzonetta estiva che va per la maggiore, ovviamente imposta a volume da sagra paesana, si fondono in una molesta cacofonia con i battibecchi dei villeggianti, gli strascichi fastidiosi dei loro stress invernali. Battigie dove lo sfortunato bagnante incapace di allontanarsi al largo con poche bracciate, è costretto, per cercare refrigerio, a condividere quei pochi metri quadrati d'acqua stagnante con pensionati che parlano di malattie, con madri sovrappeso e invidiose della vicina più in forma di loro, con i loro mariti, cornificati in settimana ma adulati nel week-end e con i loro figli viziati e urlanti.

Ma ci sono anche spiagge di sabbia bianca, fine come talco, da cui fanno capolino una miriade di conchiglie multicolori. Sono lunghe chilometri e semideserte e sono bagnate da acque cristalline.

Qua e là, a ridosso della battigia, spicca su quel biancore la sagoma delle palme ricurve, gli alberi del cocco. Su di essi frotte di bambini indigeni si arrampicano agili e veloci per spiccare delle noci che, una volta tornati a terra, offrono per pochi spiccioli ai rari bagnanti.

Le caratterizzano una temperatura costante tutto l'anno, la foresta pluviale distante solo un centinaio di metri e qualche raro resort extralusso costruito su palafitte.

È proprio su una di esse che la nostra attenzione è attirata da una bambina che corre a perdifiato, sorridente. La piccola gioca con la palla in compagnia di un gruppetto di altri bambini, tenuta d'occhio a breve distanza da una bionda statuaria con un fisico alla Elle McPherson, sua madre: sono Ylenia ed Erika Corallo.

Non molto lontano, su una di quelle palafitte che dicevamo, a un tavolo protetto dal sole pomeridiano da un ombrellone di rafia colorata, siedono e stanno in amabile conversazione zi' Nino Montano, Magarti Sutakavarna e Domenico Corallo.

Dalle risate schiette che spesso interrompono la conversazione, accompagnate peraltro dalle loro espressioni di smaccato scherno, si indovina un argomento di conversazione assai esilarante e la scarsa o nulla considerazione che i tre amiconi riservano ai destinatari di tanta ilarità.

D'altra parte, quando si è seduti a un tavolo di quell'esclusivo resort alle Seychelles, il Kempinski sulla Anse à la Mouche, non si vede perché, solo per appagare le aspettative di uno scribacchino portato per il mugugno, non si dovrebbe godere del posto in cui si è, del clima, dell'ottima compagnia, condividendo con gli amici il proprio piacere e manifestandolo con delle sonore risate.

Se poi si considera che i tre stanno commentando i tentativi di Nick Ferraro, patetici diciamola tutta, di incastrare Corallo, si capisce il motivo di tutto quel buonumore.

A diecimila chilometri di distanza, in una cella di isolamento del supercarcere di Goulburn, maleodorante e sprovvista di aria condizionata, Recep Bulkut medita incazzato sui casi suoi: il processo alle porte e la trafila di reati a cui dovrà rispondere. Una cosa però lo consola: ha lanciato dal SUV in corsa il cellulare datogli da Corallo prima della partenza. L'aggeggio non è mai stato ritrovato e con esso è scomparsa la possibilità per chi dirige le indagini di risalire al calabrese. Perchè una cosa è certa: Domenico non gliela avrebbe perdonata e tramite qualcuno dei suoi già in carcere, lo avrebbe fatto uccidere.

Invece così, pur avendo fallito nella missione affidatagli e considerando la lealtà dimostratagli, forse il calabrese farà qualcosa per alleviargli quell'inferno.

A Goldsmith non è andata così bene e al momento dell'arresto si è fatto pizzicare con il cellulare in tasca. La trascuratezza, gli costa un soggiorno di alcuni anni a spese del contribuente, nelle celle del carcere di massima sicurezza di Lithgow in compagnia dei compari.

Un altro che, a Goulburn, medita sulle proprie disgrazie è l'ex ispettore Mulligan. Troppo sicuro di sé e non a conoscenza della confessione di Colapresti e della trappola tesagli da Kavalski, si è fatto beccare con una busta gialla contenente 50.000 dollari in contanti, nascosti a casaccio sotto la ruota di scorta della sua auto. La grossa somma l'aveva giustificata con una scommessa vinta giù a Randwick, alle corse dei cavalli. Nessuno gli aveva creduto, ovviamente, ma del resto in centrale era noto che al galoppatoio agivano bookmakers clandestini, che pagavano anche grosse somme, quindi su quel particolare si era dovuto abbozzare.

C'erano però le informazioni estorte a Colapresti con il ricatto. E Victor avrebbe testimoniato in tribunale perché era l'unica cosa che poteva fare per sperare di essere reinserito nei ranghi.

Quando poi, un paio di giorni dopo la sua sospensione per i dovuti accertamenti, in centrale ricevettero una certa telefonata anonima, per Mulligan si erano aperte le porte della galera.

Una voce d'uomo contraffatta, in un inglese caratterizzato da un forte accento italiano, indicava una cabina telefonica al Circular Quay come luogo dove poteva essere recuperata una busta contenente alcune foto segnalate come compromettenti. Le foto in effetti ritrevano Mulligan mentre ritirava da una casella postale la busta gialla ritrovata sulla sua auto.

Kavalski, deluso e stizzito per aver dovuto sospendere il suo valido assistente, con un sorrisetto agghiacciante le ha integrate nel già voluminoso dossier che aveva preparato per denunciare Mulligan alle autorità competenti. Come Bulkut, anche l'ex ispettore è in attesa di processo.

E a Sydney? Cosa succede nella capitale del Nuovo Galles del Sud? Tutto nella norma, a parte, come si diceva, il caldo inusuale. Ma anche questo è necessario: serve, anno dopo anno, a convincere anche i più scettici che il riscaldamento atmosferico esiste realmente.

Ma chi sono i militanti dei partiti e delle associazioni ambientaliste? Un'accozzaglia di hipsters milionari del North Shore che giocano a fare i rivoluzionari sulla pelle di chi, con l'abbandono dell'uso del carbone e il passaggio alle energie rinnovabili, avrebbe perso il lavoro, avrebbe visto le bollette della luce aumentare, avrebbe alle difficoltà assommato difficoltà. Questo era quanto asserivano con spregio, fino a qualche anno addietro, politici, scienziati e opinionisti foraggiati dalle grandi compagnie minerarie.

Le temperature proibitive delle ultime estati australiane, stanno facendo cambiare la percezione del problema all'elettore medio. Così, che siano foraggiati oppure no, il politico, lo scienziato, l'opinionista debbono adeguarsi e fare proprie certe problematiche.

Ed è in una giornata di caldo torrido come questa, per tornare a Sydney, che Samantha, James e Jack, rigorosamente in borghese e muniti di mandato di perquisizione, sono stati spediti, insieme a un paio di pattuglie di colleghi della Stradale, a perquisire un capannone dalle parti di Punchbowl.

Gli informatori di Ferraro hanno segnalato un laboratorio per la produzione di meta-amfetamina. Per la prima volta dopo mesi di ospedale e di riabilitazione, anche Ian, visibilmente contento, è con loro.

Ferraro dal canto suo è in piedi accanto a una delle pareti di cristallo del palazzone dove ha sede la centrale e osserva pensieroso il brulicare delle persone sui marciapiedi sottostanti il suo ufficio al dodicesimo piano.

Ferraro, per natura, è un uomo a cui il commiserarsi dà una sorta di intima soddisfazione personale. Ma è un processo inconscio, il suo, perché razionalmente valuta la sua tendenza al masochismo alla stregua di uno stimolo a un più proficuo impegno.

Malgrado ciò, se ripensa all'operazione Crown of thorns non può non ammettere intimamente - non lo farebbe mai in pubblico - che non tutto si è risolto negativamente.

Certo, Corallo se l'è svignata in tempo e i suoi compari sparsi ai quattro angoli dell'isola-continente, come previsto sono risultati essere dei rispettati, onesti e facoltosi uomini d'affari e come tali, intoccabili. Di Ferrigno e Violante si sono perse le tracce, neanche i colleghi dell'Antimafia in Italia ne sanno niente: nessun avvistamento, nessuna intercettazione, nessuna soffiata. Nick teme che abbiano fatto una brutta fine. E quel Varrapodi, per quanto sia stato sottoposto a più di un serrato interrogatorio, è risultato essere estraneo a tutta la faccenda, un povero fesso.

Ma Bulkut e i suoi compari, almeno loro, sono in gabbia, i quasi tre milioni di ice pura al novanta e passa per cento ritrovata nel capannone sono stati sequestrati e distrutti e quasi ogni giorno i Bullhornes ricevono la sgradita visita di un investigatore.

Lo spione Mulligan è sotto chiave e quella fonte di informazioni, almeno quella, è stata sottratta a Corallo e alla sua organizzazione. Il pezzo forte dell'operazione però, è rappresentato dal sequestro del Pink Lady. Perché il club era ovviamente la copertura utilizzata da Corallo per coprire altri traffici, ben più remunerativi prodotti dal ristorante e da quel centinaio di slot machine installate. Quindi, aldilà del valore commerciale dello stabile e del giro d'affari generato dal club, bruscolini in confronto al resto, la perdita del locale deve aver procurato una fastidiosa punturina ai grossi calibri aspromontani.

A tale consapevolezza va assommata l'imminente promozione di Ferraro al grado di ispettore capo e quindi, a conti fatti, il nostro piedipiatti australo-calabrese può ritenersi soddisfatto.

Ma non credano, i caporioni, di collocarlo a una scrivania a fare il passacarte fino all'età della pensione.

È quello che il Commissioner, velatamente e con tatto, ha voluto fargli intravedere quando, dopo avergli preannunciato l'imminente promozione, lo ha lusingato enfatizzando la sua expertise, il suo acume, della sua esperienza sul campo... per dirigere le analisi criminologiche in ufficio. Ponendo l'accento però, en passant, sui costi dell'operazione Crown of thorns, troppo elevati rispetto ai risultati ottenuti e concludendo con fermezza che aldilà dell'aspetto economico, i rischi corsi da lui e dai suoi uomini quella notte sulla New England Highway erano stati eccessivi.

L'alto funzionario aveva taciuto, ma Ferraro l'aveva comunque intuito, su un particolare: qualcuno tra quegli "insospettabili" uomini d'affari non aveva gradito il fatto che si fosse andati a frugare così da così vicino nei loro affari. Si era quindi rivolto ai propri referenti politici lamentando la sfacciataggine di quell'ispettore. Le lamentele dovevano essere giunte in alto loco e da qui, a cascata, fino al Commissioner il quale ora tentava di incatenarlo a una scrivania, davanti a un monitor.

- Non sono uomo da scrivania, io: le analisi le faccio per strada, come ho sempre fatto - pensa indispettito - me ne fotto delle loro raccomandazioni. Li conosco bene io, quei criminali: faranno calmare le acque e poi ricominceranno, magari con un altro club e un altro fesso come Carmine: ce l'hanno nel sangue il crimine, loro. E io sarò lì ad aspettarli, a fargli di nuovo le pulci, a rompergli i coglioni, a cercare di incastrarli. Io e i miei ragazzi, Mongoose, Willian Tell, Bruce Lee, Coconut e Parmigiana... no quale parmigiana, Bolognaise, il mio gruppo di pazzi scatenati, incoscienti eppure impeccabili professionisti. Lì fino alla fine: o mi stendono con tre colpi di pistola oppure fiaterò loro sul collo fino a quando i capi non me lo ordineranno ufficialmente. Io, la Calabria pulita, quella dei più, contro quella marcia, lo zero virgola zero percento chidda da' vrigogna - conclude con un ghigno indecifrabile.

Ma lasciamo Nick alle sue latenti incazzature: due parole sul protagonista non vogliamo dirle? Che fine ha fatto Turano?

Senza alcun dubbio l'esperienza vissuta lo ha fatto maturare, diventare definitivamente adulto. A questo punto però, è necessario un aggiornamento degli eventi a partire da quella movimentata notte a Bendemeer.

Il tempestivo intervento di Ferraro, oltre ad avergli salvato la vita ha garantito l'incolumità di sua moglie e dei suoi figli.

Jennifer ha dovuto ovviamente lasciare il lavoro come cassiera del supermercato e i ragazzi hanno dovuto lasciare il loro impiego a Londra. Muniti di nuove identità, con un passaporto australiano nuovo di zecca e grazie all'interessamento della ditta presso cui lavoravano, si sono trasferiti negli Stati Uniti dove ora lavorano nella sede americana di una finanziaria qatariota.

La loro nuova sistemazione ha ovviamente, ma non del tutto, tranquillizzato i loro genitori.

Possono chiamarli con regolarità per dare loro notizie, ma debbono usare solo un certo numero che corrisponde a un'utenza superprotetta, grazie a uno di quei marchingegni elettronici installato personalmente da Andrew Brine.

Ma cosa ne è stato di Jennifer e di suo marito?

Dove sono? Hanno dovuto cambiare identità? Che fine hanno fatto i Turano?

Bella domanda!

Con la salute, tutto considerato non se la cavano male.

C'è però lo stress dei frequenti cambi di domicilio, del non sentirsi mai veramente a casa, ovunque essi siano. Sballottati su e giù per l'Australia, ogni volta che il programma di protezione lo richiede, hanno quasi del tutto perso i contatti con le vecchie amicizie e fanno fatica a crearsene delle nuove. Le relazioni con i nuovi conoscenti sono giocoforza sempre superficiali e spesso interrotte senza prevviso per motivi di sicurezza. Ci sono poi i soprassalti notturni se per caso squilla il telefono perché i figli, l'abbiamo detto, lavorano all'estero. Chi è genitore sa di cosa parlo.

Su quest'atmosfera già di per sé pesante, aleggia costantemente il timore di essere scoperti.

Però sono vivi, anche se non è un bel vivere, credetemi.

È improbabile che accada, ma se vi capitasse di conoscere qualcuno sottoposto a programma di protezione, fatevi dire dei suoi malesseri psichici, degli ansiolitici sempre a portata di mano, dei sorrisi sempre meno frequenti, del nervosismo senza apparenti motivi, del poco o nullo fare all'amore, dei pianti il più delle volte ingiustificati.

Ma basta quanto appena detto per placare la curiosità morbosa di chi qui chiede e vorrebbe delle risposte precise? No, ovviamente.

Ma ai curiosi che pongono la cosa in termini così, come dire, perentori, anch'io avrei una domanda da rivolgere: perché dovrei, io, che dalla storia di questo poveraccio ho cavato il materiale per un romanzo, ripagarlo con la più infame delle monete, con il tradimento?

Io lo so dove sono Turano e sua moglie, ma non lo dico e ho i miei buoni motivi!

I discendenti di quegli andragathos, quegli uomini virili, coraggiosi, magnanimi, forti e perseveranti, per dirla con Tomaso d'Aquino, che provenienti dal Peloponneso sbarcarono, agli albori della civiltà italica, sulle coste occidentali del Mar Jonio in cerca di gloria, hanno udito fino e memoria lunga. Molto lunga.

BIBLIOGRAFIA

Algini, M.L., Lugones M. (a cura di) - Emigrazione sofferenze d'identità - Roma: Borla, 1999

Bennetts, Stephen - Undesirable Italian: prolegomena for a history of the Calabrian 'Ndrangheta in Australia - Modern Italy, 21,pp.83-99 doi: 10,1017/mit. 2015.5

Bennetts, Stephen (University College London) - Why the Calabrian mafia in Australia is so little recognised and understood - Parkville, VIC: The Conversation, 2016

Boemi, S.; Ciconte, E.; De Sena, L.; Feo, F.; Valensise, M. - Forum GNOSIS: 'Ndrangheta gerarchia e fedeltà: la forza delle 'ndrine - Roma: Dat Donat Dicat, 2006

Ciconte, Enzo e Macrì, Vincenzo - Australian 'ndrangheta - Soveria Mannelli: Rubettino, 2009

Dickie, John - Blood brotherhood: Camorra, Mafia, 'Ndrangheta: the rise of the Honoured Societies - London: Sceptre, 2011

Giancana, Sam & Giancana, Chuck - Doppio gioco - Milano: Sperling & Kupfer, 1992

Gratteri, Nicola & Nicaso, Antonio - Fratelli di sangue - Milano: Mondadori, 2010

Gratteri, Nicola & Nicaso, Antonio - La malapianta - Milano: Mondadori, 2011

Gratteri, Nicola & Nicaso, Antonio - Dire e non dire - Milano: Mondadori, 2013

Lucarelli, Carlo - Lucarelliracconta: La storia della 'Ndrangheta - R.A.I. (Radio Audizioni Italiane), 2012

McKenzie, Nick - The Sting - Melbourne: Melbourne University Publishing, 2012

McKenzie, Nick - Lifting the lid on a drug ring - Brisbane Times, 09/08/2008

Mckenzie, N., Baker, R. - Visa ruling came after donation - The Age, 20/09/2008

Mckenzie, N., Baker, R. - Police reopen Visa probe - The Age, 24/02/2009

Mckenzie, N., Baker, R. - Vanstone quizzed in "Mafia" case - The Age, 10/11/2009

McKenzie, N., Baker, R., Bachelard M. - $ 2.2 m in Mafia bribes to NSW judges alleged in top-secret police reports - The Sydney Morning Herald, 06/07/2015

McKenzie, N., Baker, R., Bachelard M. - Glad-handing and influence: Mafia taking fast track to the powerful - The Sydney Morning Herald, 29/06/2015

McKenzie, N., Baker, R., Bachelard M. - Terror diverts focus as Mafia "board of directors"thrives - The Sydney Morning Herald, 06/07/2015

McKenzie, Nick - Four corners: The Mafia in Australia: drugs, murders, politics - A.B.C. (Australian Broadcast Corporation), 2015

McNab, Duncan - Outlaw bikers in Australia - Sydney: Pan Macmillan Australia, 2013

Moor Keith - Busted - Melbourne: Penguin Random House, 2016

Murphy D., McKenzie N., Welch, D. and Houston, C. - World's biggest ecstasy bust - The Sydney Morning Herald, 09/08/2008

Robb, Peter - Midnight in Sicily - Potts Point, NSW: Duffy & Snellgrove - 1997

Saviano, Roberto - Vieni via con me - Milano: Feltrinelli - 2010

Saviano, Roberto - 000 - Milano: Feltrinelli, 2013

Sergi, Anna (University of Essex) - Meet the 'Ndrangheta – and why it's time to bust some myths about the Calabrian mafia - London,UK: The Conversation, 2016

Silvester, J., Rule, A. - Leadbelly - Camberwell, VIC: Floradale Production & Sly Ink, 2004

Siti, Walter - Resistere non serve a niente - Milano: Rizzoli, 2012

Small, Clive & Gilling, Tom - Evil life - Crows Nest, NSW: Allen & Unwin, 2016

Spagnolo, Pierluigi - L'ascesa della "Ndrangheta in Australia - Centro ALTREITALIE n. 40 -Torino: Fond. G. Agnelli/GlobusLocus, 2010

Wish-Wilson David - Zero at the bone - Melbourne: Penguin Books, 2013

Desidero ringraziare:

Charmaine Belfanti
Edmund Belfanti
Stephen Bennett
Francesco Bianco
Diego Bonetto
Hilary Brown
Emanuela Canini
Simona Gasco
Livio Loi
Patrizia Lombardo-Burley
Maria Cristina Mauceri
Ken Moroney
Niki Sinclair
Paolo Totaro
Michael Wigney

Un ringraziamento particolare va a Emma Barlow e a Marco Giovanni Montanari, che hanno lavorato sul testo nelle versioni, rispettivamente, inglese e italiana.